»In den Gletschern der Erinnerung«

Literarische Gletscherbilder aus drei Jahrhunderten

mit zeitgenössischen Fotografien
von Daniel Schwartz

und einem Essay
von Peter Weibel

herausgegeben und
mit einem Vorwort versehen
von Patrick Hegglin

edition bücherlese

eb···

Vorwort

2014 erklärte man den isländischen Gletscher Okjökull für tot. Da seine Fläche auf unter einen Quadratkilometer abgeschmolzen war und er so nicht mehr durch sein eigenes Gewicht bewegt wurde, entsprach er nicht länger der Definition eines Gletschers. Im Jahr 2019 wurde deshalb eine Gedenktafel aufgestellt, auf der ein »Brief an die Zukunft« eingraviert ist:

»Ok ist der erste isländische Gletscher, der seinen Gletscherstatus verloren hat. Es wird erwartet, dass alle unsere Gletscher in den nächsten 200 Jahren diesen Weg gehen werden. Dieses Monument soll festhalten, dass wir wissen was passiert und was getan werden muss. Nur ihr wisst, ob wir es getan haben.«

Der Rückzug der Gletscher ist eine der sichtbarsten Auswirkungen des menschengemachten Klimawandels und eine höchst symbolträchtige. Wie die in diesem Band versammelten, zwischen 1721 und 1968 publizierten Texte und Textauszüge zeigen, war der Gletscher untrennbar mit dem Bild unzähmbarer, außerhalb der menschlichen Einflusssphäre liegender, gefährlicher, manchmal erschreckender, und zugleich erhabener Natur verbunden. Zumeist ist in dieser eurozentrischen und keinerlei Anspruch auf Vollständigkeit erhebenden Sammlung dabei von den Alpen die Rede – und die Wege führen zuverlässig zum Mont Blanc. Es zeigt sich immer wieder eine ähnliche Konstellation: Oben der höchste

Berg Europas, »Scheitel der Ewigkeit« (Friederike Brun), unten der Mensch, vergänglich wie seine Werke. In den Grenzzonen der Gletscher – auch wenn sie in den Texten nicht immer scharf vom Gesamtbild des Gebirges getrennt erscheinen – trifft Erstarrung auf Bewegung. Es sei, so Ludwig Hohl in seiner *Bergfahrt*, »als ob die Unendlichkeit da einen Schaufelstich versetzt und alles durcheinander geworfen hätte und es dann liegengelassen.« Doch es bleibt nicht einfach liegen, auch in klimatisch stabileren Zeiten nicht: Da kracht es, wenn im Sommer die Sonne mit dem Eis streitet, da fließt der Gletscherbach befruchtend ins Tal, da wird im sich ständig verändernden Inneren gemächlich hinabgetragen, was sich der Gletscher einst einverleibt hat – Steine, Menschen, Artefakte.

Die schieren Dimensionen, räumlich wie zeitlich, machen den Menschen klein, regen die Schreibenden zum Nachdenken über die Schöpfung an. Ahnungen von Ewigkeit und der »Hauch des Todes« (Halldór Laxness) werden empfunden und befruchten sich gegenseitig. Visionen der Endzeit steigen auf: dass die Welt einmal ganz von Eis bedeckt sein müsse, schließt Percy Bysshe Shelley; dass ihr Schöpfer irgendwann auch die Berge und die Gletscher wieder vernichten werde, schreibt Gotthold Friedrich Stäudlin. Einmal hätte der Gletscher das letzte Wort, einmal der Herrgott.

Als mit der fortschreitenden Erschließung der Alpen und dem Vordringen der menschlichen »Geisteskräfte« (Hans Christian Andersen) eine gewisse touristische Routine Einzug hält und sich das »Kulturbewusstsein« (Walter Benjamin) im Besucher gegen eine Überwältigung durch die Natur stellt, bleibt der Gletscher ein literarisch fruchtbarer Ort: als Garant von Überzeitlichkeit oder Schauplatz von Selbsterprobungen. Dass aber das Wirken des Menschen die Gletscher dereinst zerstören könnte, dieser Gedanke findet sich in den Texten aus drei Jahrhunderten nicht.

Aus heutiger Perspektive liegt genau darin der symbolische Gehalt der Gletscher. Die über lange Zeit etablierten Assoziationen, Beschreibungsmuster und Motive sind unhaltbar geworden, so wie die genuinen Erfahrungen, die aus vielen der Texte sprechen, heute kaum noch oder gar nicht mehr gemacht werden können. Wenn der Mensch sich selbst im Eis der Gletscher einst als klein und beschränkt wahrnahm, muss er heute die Grenzenlosigkeit seines Einflusses auf die Natur erkennen. Wenn die Gletscher als »Beweis und Symbol« (Shelley) für die Existenz höherer Mächte erschienen, zeigen sie heute, dass da keine Instanz ist, die Stabilität garantiert.

Mit der Frage, wovon die Gletscher heute sprechen, setzt sich **Peter Weibel** in seinem Text **Gletscherhände** auseinander. Eigens für diesen Band geschrieben erweitert er die Sammlung um ein viertes Jahrhundert und kann als ein zweites, literarisches Vorwort gelesen werden. Zugleich bildet er zusammen mit den Fotografien alpiner Gletscher von **Daniel Schwartz** am Ende des Bandes eine zeitgenössische Klammer. Mit einer Ausnahme stammen die Bilder aus dem Jahr 2014 und wurden von Schwartz für sein Buch *While the Fires Burn. A Glacier Odyssey* erarbeitet. Weit über reine Dokumentation hinausgehend, resultieren sie aus der Synthese von naturwissenschaftlicher Betrachtung und künstlerischer Haltung.

Die so durch aktuelle Perspektiven gerahmten Texte sind größtenteils chronologisch nach ihrer Publikation bzw. Entstehung geordnet. Sie wurden in Orthographie und Interpunktion sanft modernisiert. Im Folgenden wird – mal knapper, mal ausführlicher – auf die einzelnen Texte eingegangen. Es werden einige historische Kontexte geliefert, einige aufgrund notwendiger Auslassungen verlorene Teile der Handlung zusammengefasst und auf die eine oder andere Besonderheit hingewiesen.

Albrecht von Haller mahnt in seinem Langgedicht **Die Alpen** zur Bescheidenheit. Die karge Landschaft der Alpen und die Armut ihrer Bewohner wertet er gegenüber dekadent gewordener Kultur demonstrativ auf, und warnt: »Du aber hüte dich, was Größers zu begehren. / Solang die Einfalt daurt, wird auch der Wohlstand währen.« Es ist der Reichtum der Natur, zu dem der Gletscher, eher als Teil des Gesamtbilds, beiträgt.

Mit **Marc-Théodor Bourrit** folgt ein erster ganz konkreter Gang ins Gebirge. Bourrit hatte in den Jahren vor der Veröffentlichung seiner **Beschreibung der savoyischen Eisgebürge** mehrmals erfolglos die Erstbesteigung des Mont Blanc versucht, die 1786 schließlich einer Gruppe um Jacques Balmat und Michel Paccard gelang. Auch als Alpenmaler trat er in Erscheinung, und illustrierte die *Voyages dans les Alpes* des Genfers Horace-Bénédict de Saussure. De Saussure, der als Vater der Alpenforschung gilt und dem in Chamonix ein Denkmal errichtet wurde, findet im vorliegenden Band nur minimale Erwähnung. Seine eigenen Schriften erfüllen mit ihrem naturwissenschaftlichen Blick den gestellten Anspruch »literarischer Gletscherbilder« nicht – auch wenn dieser für einige Reiseberichte etwas gedehnt wird.

Bourrits Text mag streckenweise die von Johann Wolfgang von Goethe in seinen Briefen an Charlotte Stein formulierten Befürchtungen gegenüber eigenen Beschreibungen der Gegend erfüllen: »Was soll ich Ihnen die Namen von [diesen] Gipfeln, Spi[t]zen, Nadeln, Eis- und Schneemassen vorerzählen, die Ihnen doch kein Bild weder vom Ganzen noch vom Einzeln in die Seele bringen«. Goethe kannte und schätze Bourrits Bericht aber, und verweist, wo er sich selbst Beschreibungen verweigert, wiederholt darauf. Die hier abgedruckten Auszüge bedienen sich Motiven, die sich in vielen späteren Beschreibungen und literarischen Auseinandersetzungen mit Gletschern wiederfinden. Ein Beispiel ist die gleichzeitige Empfindung von »Grässlichem« und Schönheit, ein anderes die Assoziation der Gletscherlandschaft mit Zivilisationsruinen. Daneben finden sich einige amüsante Spitzen gegen frühe Tourist-Innen. Bemerkenswert ist aber vor allem der Schluss. Ob sich die Gletscher – über saisonale bedingte Veränderungen hinaus – überhaupt bewegen, blieb in der öffentlichen Meinung lange umstritten, wie etwa Mark Twain rund einhundert Jahre nach Bourrit festhält. Die Erkenntnis, dass sie sich zurückziehen könnten, und zwar nicht erst am Ende der Zeiten, hatte nochmals einen schwereren Stand. Wenn er sich auch durch zwei Einschränkungen absichert: Bourrit formuliert den Gedanken schon 1786, wenn er am Ende des Auszugs – düster oder hoffnungsvoll? – schreibt: »Seit dem scheint das Eis sich wieder zurückzuziehen, um vielleicht mehr wiederzugeben, als es an sich gerissen hatte.«

»Ahndend« fühlt **Friederike Brun** bei der Betrachtung von **Chamonix beim Sonnenaufgange** ihren »Geist ins Unendliche« schweben. Sie richtet ihren Blick zunächst auf den Mont Blanc, in dem sie den »Scheitel der Ewigkeit« erkennt, ehe sie sich den Gletschern zuwendet: Mit »Donnergetös« seien die »Zackenströme« aus »des ewigen Winters Reich« herabgegossen worden, nur um »mit der Allmacht Stimme« zu »starrenden Wogen« gefroren zu werden. Nicht als etwas langsam Gewachsenes werden die Gletscher also dargestellt, sondern als eine gewaltige Bewegung, die mit einem ebenso gewaltigen Ruck zum Stehen kam. In der Landschaft, die sie betrachtet, ist für Brun die Existenz Gottes evident. Das Gedicht endet in einem Panorama der Bewegung an den Grenzen »des ewigen Winters Reich«, das immerzu den Namen seines Schöpfers spricht, vom Bersten des Eises bis hinunter zu den nur noch rieselnden Bächen: »Jehovah! Jehova!«

Bei **Gotthold Friedrich Stäudlin** regen sich angesichts der **Gletscher bei Grindelwald** ganz ähnliche Gefühle wie bei Friederike Brun. Auch er empfindet seiner »Unsterblichkeit Ahnung«, auch er ist gebannt von der Schöpfung. Der Gletscher wird in seinem Gedicht als produktiver Ort verstanden. Aus der Begegnung des »tausendjährigen Eises« des »ewigen Winters« und der »erdbefruchtenden Sonne« entsteht ein »gewaltiger Strom aus der Pforte des Eisturms«, von dem sich das Land unten nährt. Stäudlin sieht »verschwunden um mich die alte Schöpfung, und neue / Welten entstanden vor mir!« Beides freilich, das Eis und die Sonne, stammt aus der Hand desselben Schöpfers, den Stäudlin um Schutz und Führung anruft. Denn wo Brun statische Betrachterin bleibt, drängt es Stäudlin zur Besteigung: »Reiche mir, Führer! den Stab, und waffne die Sohlen mit Zacken, / Denn erklimmen muss ich dort jenen prächtigen Eisberg!« Oben angekommen überwältigt die Präsenz der »schaffenden Allmacht« den Dichter und lässt apokalyptische Bilder aufsteigen. Die Berge werden vergehen am Ende der Zeit, die Gletscher und Ströme vertrocknen, und »kein Auge die Stätte der Hingeschwundnen mehr kennen!« Der gläubige Dichter aber, »mit der ewigen Flamme der Gottheit im Busen«, wird »nimmer vergehen.«

Mit **Lord Byron** verlässt der Band das 18. Jahrhundert, und es beginnt ein zeitlich und räumlich sehr beschränkter Exkurs in die britische Romantik. Im Jahr 1816 fand sich am Genfersee eine Gesellschaft zusammen, der neben Byron unter anderem das zukünftige Ehepaar Mary Wollstonecraft Godwin und Percy Bysshe Shelley angehörte. Die Zeit in Genf war für Byron höchst inspirierend und produktiv. Es entstand der dritte Teil der Verserzählung *Childe Harold's Pilgrimage* und sein *Prisoner of Chillon* sitzt, wie der Titel verrät, im steinkalten Kerker von Schloss Chillon bei Montreux ein. **Manfred**, eine 1817 publizierte Bearbeitung des Faust-Stoffs, spielt in den Alpen. Die abgedruckten Verse werden vom Geist des Mont Blanc vorgetragen, einem von sieben Naturgeistern, die Manfred in der ersten Szene ruft und seinem Willen unterwirft. Es findet sich darin einmal mehr das Motiv von Bewegung und Erstarrung – dieses Mal aber ganz ohne monotheistische Gottheit.

Percy Bysshe Shelley kommt mit einem leicht gekürzten **Brief an Thomas Love Peacock** zu Wort, der im Band **History of a Six Weeks' Tour** enthalten ist. Der Brief beginnt als beschreibender Bericht, bevor er und nach zwei kurzen Verweisen auf Naturwissenschaftler wiederum in eine mythische Sphäre überführt wird. Dieses Mal ist es Ahriman, der Widersacher des zoroastrischen Schöpfergottes Ahura Mazda, der auf dem Berg thront. Shelley rezipiert Shelley Horace-Bénédict de Saussure, dessen begründete Ansicht, dass die Gletscher nicht beständig anwachsen, sondern sich in gewissen Phasen auch zurückziehen, er kurzerhand ablehnt. Er setzt dies mit den Schriften von Georges-Louis Leclerc, Comte de Buffon, in Verbindung. Leclerc ging davon aus, dass sich die Erde – da sie einen heißen Kern hat – immer weiter abkühlen müsse, und also irgendwann, in der fernen Zukunft, komplett von Eis bedeckt sein werde. Es ist allerdings zu bemerken, dass Leclerc menschlichen Einfluss zumindest auf das lokale Klima, etwa durch Abholzung, bereits diskutierte.

Dass sich Shelley der Meinung der »Menschen dieses Landes« anschließt, die er wenig schmeichelhaft charakterisiert, überrascht. Der unvermeidliche Untergang aller zivilisatorischen Werke und allen Lebens mag für den Romantiker aus ästhetischer Sicht schlicht reizvoller gewesen sein. Diese Thematik greift er auch in seinem 1817 publizierten Gedicht *Ozymandias* auf. Darin liegt im Wüstensand eine zerbrochene Statue, auf deren Sockel geschrieben steht: »My name is Ozymandias, king of kings / Look on my works, ye Mighty, and despair!« In der nächsten Zeile dann: »Nothing beside remains«. Eine verwandte Zeile findet sich im Gedicht *Mont Blanc,* enthalten in der *History of a Six Weeks' Tour:*

»None can reply—all seems eternal now«, heißt es dort in einer Reflexion über die Entstehung der Landschaft am Mont Blanc. Das Gedicht ist eine gewaltige Meditation über Dichtung, Wahrheit und Wahrnehmung, Zeit und Ewigkeit, Mensch und Natur, und behauptet seit über zweihundert Jahren erfolgreich seine Unübersetzbarkeit. LeserInnen, die weder das Englisch des frühen 19. Jahrhunderts noch romantischen Pathos fürchten, sei es wärmstens ans Herz gelegt.

In Form einer Kurzgeschichte entstand 1816 in Genf auch **Frankenstein; or, The Modern Prometheus** von **Mary Wollstonecraft Shelley**. Eine erste Romanfassung wurde bereits 1818 publiziert. Hier wird eine Übersetzung der überarbeiteten Version von 1831 abgedruckt. Der Begriff »Schöpfung« ist einmal mehr zentral. Der Schöpfer ist bei Shelley der Mensch, in der Gestalt des Genfer Arztes Viktor Frankenstein, der in der erhabenen Gletscherlandschaft Linderung für seine Seelenpein sucht. Stattdessen begegnet er dem »gehassten Feind«: seiner Schöpfung, der namenlosen, aus Leichenteilen zusammengefügten und von Elektrizität zum Leben erweckten Kreatur. Um ihr Verhältnis zu Frankenstein auszudrücken, bedient sie sich der christlich-jüdischen Mythologie: »Eigentlich sollte ich der Adam sein, aber ich bin mehr der gefallene Engel, einer, den du aus dem Paradies vertreibst und elend machst.« Seinem Schöpfer physisch überlegen, ist es das verstoßene Geschöpf, das in der unwirtlichen Gletscherlandschaft überleben kann und dort Zuflucht findet.

Auf Frankenstein folgen drei weitere, längere Auszüge aus in den Alpen angesiedelten Prosatexten. **Adalbert Stifter** erzählt in **Bergkristall** von den Kindern Sanna und Konrad, die sich, von Schneefällen überrascht, an Heiligabend im Gebirge verlaufen. In dem Auszug fehlt ein für das Verständnis des Schlusses wichtiger Aspekt der Geschichte: Sanna und Konrad sind Kinder zweier Dörfer von zwei Seiten des Bergs – Millsdorf ist der Herkunftsort der Mutter; Gschaid der Herkunftsort des Vaters –, und als solche sind sie keinem Ort richtig zugehörig. Erst ihre Rettung, und explizit auch das Narrativ derselben, macht sie zu »Eingeborenen« von Gschaid. Als ein Weihnachtswunder kommt die Rettung letztlich daher, wie Sanna am Ende deutlich macht: »Mutter, ich habe heut nachts, als wir auf dem Berge saßen, den heiligen Christ gesehen.« Sie dürfte sich damit auf das Lichtereignis in der Nacht beziehen, doch auch der Gletscher trägt seinen Teil zu der fremdartigen Erfahrung am Berg bei. Das Blau in der Gletscherstube scheint nicht von dieser Welt und fügt sich als etwas Einzigartiges in Stifters Farbenspiel ein neben dem alles gleichmachenden Weiß des Schnees und dem eher mit Kultur konnotierten Rot, das sich etwa auf der Fahne und der den Weg markierenden »Unglückssäule« findet, aber auch die Farbe der aufgehenden Sonne ist – um nur zwei andere zu nennen. Erwähnenswert ist ein weiteres Detail: Das Krachen des Eises durchbricht in der Nacht die sonst vorherrschende Stille, vielsagend genau dreimal.

Wie eine Lawine rollt die erste Beschreibung der Berg- und Gletscherlandschaft im Auszug aus **Jeremias Gotthelfs Jacobs, des Handwerksgesellen, Wanderungen durch die Schweiz** über die Lesenden hinweg. Schier endlose Satzgefüge machen die unübersichtliche Welt von »Schlünden und Gründen« wie auch den Höhenschwindel greifbar. Die Passage mündet in eine Reflexion der Ordnungsgewalt Gottes über die wilde Natur und die Ohnmacht der Sterblichen ihr gegenüber – eines von vielen bereits erwähnten Motiven und Themen, die der Text aufgreift. Jakob sieht die hohen Berge aber auch als die Zivilisation befruchtende Orte: »Auf solchen Bergen, schien es ihm, müssten die Helden alle gesessen haben, wenn ihnen die großen, kühnen Gedanken kamen, Völker zu überwinden, Reiche zu gründen, Revolution zu bringen in die Welt der Geister, den Geist der Welt in Fesseln zu schlagen oder diese Fesseln zu zerschlagen.« Am Schluss des Auszugs wird Jakob eine Sage erzählt, in der der Gletscherbach als eine Art Loreley der Berge personifiziert wird.

Eine Personifikation destruktiver Naturkräfte gibt **Hans Christian Andersens** Märchen **Die Eisjungfrau** ihren Namen. In den Gletschern lebt sie und liegt mit den »guten« Naturgeistern, den »Töchtern der Sonne« im Widerstreit. Sie streiten sich um den Protagonisten des Textes, Rudi, der als Kind aus einer Gletscherspalte gerettet wurde – und damit der Eisjungfrau entrissen – und nun den besonderen Schutz der positiven Naturkräfte genießt. Das Märchen arbeitet mit einer Dichotomie, die nicht grundsätzlich Natur und Kultur einander gegenüberstellt, sondern eher Fruchtbarkeit und Unfruchtbarkeit bzw. Kreation und Zerstörung. Nicht nur Rudi, sondern die als »Geisteskräfte« charakterisierten Menschen im Allgemeinen stehen mit den positiven Naturkräften im Bunde. Die Erschließung der Berge durch den Bau von Eisenbahnen erscheint so weniger als Vor- oder Eindringen in die Sphäre der Natur, denn als positiv gewerteter Fortschritt. Die gewählten Auszüge unterschlagen, weshalb die Eisjungfrau Rudi am Ende doch in ihre kalten Finger bekommt. Dem Kapitel »Böse Mächte« gehen Eifersuchtsszenen zwischen Rudi und seiner Verlobten Babette voran. In seiner seelischen Schieflage, die sich etwa darin äußert, dass er »ein Blümchen« mit einem Gewehrkolben zerschlägt, verwirkt ein plötzlich vom Schwindel geplagter Rudi seinen Schutz.

Mark Twains A Tramp Abroad ist ein weiterer Reisebericht. Twain tritt in dem Auszug aber eher als Kompilator auf und erzählt zwei Anekdoten von ganz unterschiedlichen Geschwindigkeiten. Eine, seinem Mitreisenden Mr. Whymper zugeschrieben, handelt von der gewaltigen Eruption der Gletscher am Kotlugja in Island.

Die andere von der jahrzehntelangen Reise der sterblichen Überreste dreier Bergführer, den Gletscher hinab nach Chamonix.
Zweitere endet berührend, bekommt aber noch eine hier nicht ent-
haltene unangenehme Wendung. Twain berichtet weiter von Plä-
nen, die Leichenteile auszustellen, um damit Geld zu verdienen
und Gäste anzulocken. Sie wurden nicht realisiert.

Mit je einem Gedicht von **Friedrich Nietzsche** und **Christian
Morgenstern,** sowie zwei Gedichten von **Stefan George** folgt eine
kleine Abteilung mit Lyrik sowie der Sprung ins 20. Jahrhundert.
Am Gletscher, ein Gedicht aus Nietzsches Nachlass, kommt dunkel
daher und mag in seiner fiebrigen Art Assoziationen mit Goethes
Erlkönig wecken. Das plötzliche Ausbrechen von einem »Leuch-
ten«, »zwischen Eis und totem Graugestein«, scheint die zentrale
Stelle: eine erhellende Erscheinung fernab der Zivilisation.

Sieben Jahre nach Nietzsches Tod publiziert Stefan George ein
Gedicht über den Philosophen. Als »Donnerer« oben im Gebirge
zeichnet ihn George, als messianische Figur, deren Kanonisierung
durch die »menge drunten« einer Befleckung gleichkomme. Der
»schmerz der einsamkeit« ermöglichte Nietzsches Werke, und alleine fand er in der Sackgasse der »eisigen felsen« den Tod. Eine
interessante Gegenposition zu dem von George gezeichneten Bild
Nietzsches findet sich im Kapitel »Paul Rée« in Theodor Lessings
Buch *Der jüdische Selbsthass* von 1930. Da Lessings Buch höchst
problematisch ist und tiefergehender Kommentare bedarf, wurde
auf einen Einbezug in diesen Band verzichtet. Lessings These lau-
tet im Wesentlichen folgendermaßen: Rée, Weggefährte und Vor-
denker Nietzsches, sei einer seelischen »Vergletscherung« erlegen.
Nietzsche sei als Deutscher sozusagen auf fruchtbaren Boden gefallen und konnte zu einer kulturellen Ikone werden, emporgetra-
gen von einem Volk als »Ausdruck ihrer aller Gemeinschaftsseele«.
Paul Rée habe dagegen als wurzelloser Jude einsam verkümmern

müssen. Das Schicksal der »Vergletscherung« drohe, so Lessing, dem gesamten westeuropäischen Judentum.

Das zweite Gedicht von George, **Der Blumenelf,** handelt von verzehrender Leidenschaft, die sich zu »blindem wahn« auswächst. Die Gletscher, mit dem »ätherischen trank« ihres Schmelzwassers, nähren den Blumenelf. Als sie aber eine Alpenrose blühen lassen, wird ihm die bisherige Idylle schal und er stürzt in sein Verderben. Der Mensch ist hier abwesend. Das Drama spielt sich zwischen dem Naturgeist und der anthropomorph angehauchten Alpenrose ab.

Mit **Christian Morgenstern** führt der Weg für einmal nach Skandinavien, an den **(Nordstrand.).** Beschreibungen der Natur, darunter die Gletscher als »kühles, reines Höhngeschenk«, machen den größten Teil des achtstrophigen Gedichts aus. »Verborgnes Eis« findet sich aber auch in den »dunklen Gründen« der Dichterseele. Von der sie ereilenden Trauer droht es gelöst und entfesselt zu werden, und »all ihr Glück« zu vernichten. Die Gletscher dagegen erscheinen Morgenstern heiter – vielleicht weil in ihnen das Eis stabil gebunden liegt.

Einen letzten, kurzen Reisebericht stellt der Ausschnitt aus **Walter Benjamins Tagebuch von Wengen** dar. Benjamin steht hier stellvertretend für alle weniger begeisterten Gletscherreisenden – denn auch diese gab es, besonders im 20. Jahrhundert. Es scheint schlechtes Benehmen zu sein, das den jungen Benjamin eine Fahrt ans Eismeer kostet. Wenigstens den Eigergletscher darf er besuchen, doch der touristisch erschlossene Ort vermag sein Herz kaum zu heben. Die getakteten An- und Abfahrten der Züge, die verschiedenen Angebote und die Menge der anderen Besucher halten sein »Kulturbewusstsein« wach. Benjamin kommt nicht viel weiter als zu den Geisteskräften und ihren Eisenbahnen: »Nur vage Ahnungen der Gletscherwelt stehen dem Fahrgast in einer

endlosen, vom elektrischen Licht der Coupees erhellten Tunnel-
fahrt frei.«

Ein Mann in einer Lebenskrise sucht am Berg die Entscheidung: Leben oder Sterben. So könnte man die Ausgangslage von
Antwort aus der Stille, einem Frühwerk **Max Frischs,** in aller
Kürze wiedergeben. Bevor der Protagonist die Erstbesteigung über
den »Nordgrat« – eine deutliche Anspielung auf Eigernord-
wand – versucht, lernt er Irene kennen und verbringt am Fuß des
Nordgrats eine Nacht mit ihr. Dort setzt der erste Auszug ein, noch
in der Nacht, ehe eine gestrichelte Linie das Verschwinden des
Mannes indiziert. Als Irene sich am Morgen alleine wiederfindet
und den Mann nur noch vage von »jenseits des Gletschers« hört,
bleibt das Rauschen des Gletscherbachs zurück. Der Gletscher ist
in *Antwort aus der Stille* nicht der Ort der Entscheidung, aber er
markiert eine Schwelle. Oben, wo der Gletscherbach, der sich als
akustische Konstante durch den Text zieht, noch nicht entsprun-
gen ist, herrscht Stille, eine »einsame«, eine »namenlose Stille, die
vielleicht Gott oder das Nichts ist«, wie es Frisch an einer Stelle
formuliert. Von einem »wahreren Antlitz« Gottes schreibt Frisch
im zweiten Ausschnitt, der ähnlich rollend wie einst Gotthelfs
Schilderung des Gebirges daherkommt. Ein weiteres Mal scheint
in der Gebirgs- und Gletscherlandschaft der monotheistische Gott
evident zu werden. Doch bei Frisch ist keine Spur von »Erbarmen«
und »Gnade« zu finden – es ist wohl doch eher das Nichts, das still
über den Gletschern thront.

Der nächtliche Gletscher als stilles »Schattenbild, das in sich
selbst ruht und Menschen und Tieren das Wort ›nie‹ zuatmet, das
vielleicht ›stets‹ bedeutet. Komm, Hauch des Todes!« – Kompakter
als Literaturnobelpreisträger **Halldór Laxness** es in **Am Gletscher**
macht, kann man die Motive Tod und Ewigkeit nicht zusammen-
bringen. Der Ich-Erzähler des Romans ist Theologe, der Gletscher

ist der Snæfellsjökull in Island, der ganze Roman von feiner Ironie durchsetzt und nicht nur als ›Gletschertext‹ empfehlenswert.

Paul Celans Lyrik ist durch ein Ringen mit der Sprache geprägt. Deutsch war für den 1920 in Czernowitz geborenen jüdisch-stämmigen Celan nach der Shoah unweigerlich die Sprache der Täter. In seinen unkonventionellen, herausfordernden, oft kryptischen und immer sorgfältig komponierten Gedichten zeigt sich das Bemühen, der belasteten Sprache einen neuen Ausdruck zu geben – aber auch der Versuch, der Katastrophe in Worten überhaupt beizukommen. Im Gedicht **Weggebeizt** mag formal die Dominanz partizipialer Verbformen auffallen: Da beugt sich zunächst kein Verb einem Subjekt – es ist gar keines vorhanden –, das »Wegbeizen« und das »Auswirbeln« ist bereits geschehen und wird von den wie gefroren dastehenden Partizipien bloß noch bezeugt. Doch einmal vorbei am »menschengestaltigen Schnee«, bei den »gastlichen Gletscherstuben und -tischen«, wo die Zeit Risse aufweist oder man in sie hineinfallen kann, dort findet sich doch noch ein Prädikat. Als Atemkristall beschrieben, als kristallin gewordener Atem also wohl, liegt dort das »unumstößliche Zeugnis« des im Gedicht adressierten »Du«. Dieses Zeugnis tut nicht mehr, als zu warten. Das ist genug. Unten im Gletscher, im Reich des Anorganischen, bleibt das Flüchtige eines Hauchs oder eines Sprechakts erhalten, abgelöst von Zeit und Kausalität – unumstößlich.

Ein Auszug aus **Guillaume Apollinaires** Gedicht **Das Haus der Toten** bildet, als einziger größerer chronologischer Sprung, den Abschluss der Texte. Apollinaire erzählt in dem Gedicht nicht von Gletschern. Der Ich-Erzähler schildert die Rückkehr von neunundvierzig Toten unter die Lebenden, für einen Tag nur. Der Auszug setzt da ein, wo das Leben wieder aus den Leichen gewichen ist. Hier, bei der Bewahrung dieses Ereignisses in den Köpfen der Lebenden, genauer: bei der Reflexion über die Erfahrung »als

Lebender einen Toten oder eine Tote« geliebt zu haben, erhalten die Gletscher ihren Auftritt als Sprachbild: »On devient si pur qu'on en arrive / Dans les glaciers de la mémoire / A se confondre avec le souvenir«. Mit den »Gletschern des Gedächtnisses« wirft Apollinaire ein stabiles, vielleicht sogar über individuelle Lebenszeit hinausweisendes Gedächtniskonzept auf. Wie die Gletscher kollabieren, kollabiert das Sprachbild. So erlaubt sich der Titel dieses Bandes eine Variation auf Apollinaires Zeile. »In den Gletschern der Erinnerung« verweist darauf, dass die hier gezeigten »Gletscherbilder« so nicht mehr existieren. Die Texte bleiben zurück. Vorläufig hat der Mensch das letzte Wort.

Patrick Hegglin

Peter Weibel

GLETSCHERHÄNDE (2020)

Das erste bewusste Bild in meinem Leben ist dem Gletscher geschuldet. In einem abgedunkelten Zimmer höre ich die Mutter schreien, ich bin drei Jahre alt, vielleicht vier, und begreife etwas sogleich: Vater ist in eine Gletscherspalte gestürzt! Sechs Stunden oder mehr haben seine Gefährten versucht, ihn aus dem eisigen Grab im Monte Rosa-Gletscher zu ziehen, wahrscheinlich ist vieles schiefgelaufen, aber er hat überlebt. Mit einer erfrorenen Hand hat er überlebt. Er ist es jetzt, der schreit, ich sehe noch die blutende Gletscherhand unter dem warmen Wasserstrahl, an der totes Gewebe in Fetzen herunterhängt.

Auch die Geschichte meiner ersten Bergerfahrung als Bub hat ein Gletscher geschrieben, es ist wieder eine Geschichte von gefrorenen Händen. Ich spüre den Schmerz noch immer, der beim Auftauen in die Hände fährt, die Kältestarre nach der Überquerung des Allalingletschers, der damals noch bis zur Britanniahütte gereicht hat. Vater hat meine klammen Hände mit der gesunden rechten Hand und behelfsmäßig auch mit der linken, die er inzwischen wieder bewegen konnte, gewärmt. Die Wärme in seiner kaltblauen Gletscherhand hat mich gelehrt, dass man immer auch von den Händen sprechen muss, wenn man über einen Menschen sprechen will.

Jetzt gibt es kaum noch Geschichten von Gletscherhänden, bald wird es wohl keine mehr geben. Ich muss sie nicht nochmals erleben, aber ich vermisse sie trotzdem. Manchmal denke ich an den alten Hüttenwart im Etzlital oben, ich war oft bei ihm, vierzig Jahre hat er sich um Hütte und Berggänger gesorgt. Und um den Berg und seinen Gletscher. Ich weiß nicht, wie oft er mit seinen Händen das Eis befühlt hat, wie oft er mit ihnen das Seil gehalten hat, um einen ahnungslosen Wanderer aus dem Eis zu ziehen. Wer mit ihm ins Gespräch gekommen ist, hat sogleich Bescheid gewusst. Ich sehe ihn vor mir, wie er die alten Gletscherbilder hervorholt, bestürzt und irgendwie gelassen zugleich. Wie er sagt, eigentlich müssten wir dem Gletscher dankbar sein – sein Verschwinden hat eine Geschwindigkeit, die wir mit Händen greifen können, und nur was wir greifen können, kann uns verändern.

Der Gletscher, der verschwindet, erzählt die Vergangenheit und die Zukunft. Und von der Verwundbarkeit des Lebens. Er legt verborgene Geheimnisse frei – verschollene Gegenstände, Quarzbänder, die sogleich in Beschlag genommen werden, und rätselhafte Knochenstücke. Und manchmal auch abgerissene Hände und eisgefrorene Menschenkörper. Die Zeit der rasenden Gletscherschmelze ist die Stunde der Sammler und Ausbeuter – das Sterben der Natur ruft die Wölfe herbei. Die Strahler halten schon fest, wo sie bohren und sprengen werden, bevor das Eis ganz weg ist, die Sammler bereichern ihr Leben mit Trophäen aus dem Reich der Toten. Die leblose Welt der Sammelstücke löst die Lebenswelt des Gesammelten ab.

Der Gletscher, den es bald nicht mehr gibt, zerschlägt den Mythos vom ewigen Eis. Der Mythos Ewigkeit, an den wir uns klammern, erhält Risse in der kurzen Zeit des eigenen Lebens – der Gletscher lehrt uns, dass Ewigkeit eine Täuschung ist und auch unsere Vorstellung von Zeit. Zeit als das nie Fassbare, das wir messen, um Ordnungen einzurichten, und doch nie verstehen. Und ich weiß nicht, ob es ein Trost ist, dass das Gletschersterben, das in die Zeitdauer eines Menschenlebens fällt, im Gedächtnis der Zeitgeschichte nur ein Augenblick ist. Aber es kann ein Trost sein, dass ein Menschenleben lang und auch kurz genug ist, etwas zu begreifen. Nur was wir greifen können, kann uns verändern.

Der Gletscher sagt die Zukunft voraus, die mit seinem Verschwinden längst begonnen hat. Unser Auge wird sich an öde Brauntöne, an Wüstenfelder aus Granit gewöhnen müssen, wo früher blendendes Weiss geleuchtet hat. Ratlos gehen wir daran, die letzten Gletscherstücke mit Planen einzupacken wie Kunstschätze. Überlebenshilfe am Totenbett. Und wenn der Gletscher nicht mehr zu retten ist? Vielleicht wird man Grabstätten bauen, man wird verblichene Fotografien bestaunen, Reliquien und grausige Funde, man wird vor einem Kunstgletscher aus Gips stehen mit zerklüfteten Spalten, mit gewölbten Kammern und Gletscherbrücken: So hat die verlorene Gletscherwelt ausgesehen, so ist man übers Eis gegangen, ohne in die Spaltenfalle zu tappen, so hat man hinabstürzen können. Man wird als Zuschauer im Mausoleum des toten Gletschers stehen wie am Grab des unbekannten Soldaten – Versuche, eine Erinnerung zu konservieren, um vergessen zu können, dass eine Erfahrung nie mehr zurückkehrt.

Kein Museum der toten Objekte kann eine Erfahrung ins Leben zurückholen. Nichts, was ich schreibe, kann sie ersetzen. Ich kann nur eine Erinnerung abrufen und versuchen, sie festzuhalten, bevor auch sie verschwindet wie das Eis des Gletschers. Sie wird von einer vergangenen Welt erzählen, und vielleicht von dem, was nicht verschwinden wird, auch wenn es den Gletscher nicht mehr gibt: Die menschliche Wärme, die aus Erstarrung und Kälte wachsen kann.

Albrecht von Haller

aus: # DIE ALPEN (1729)

Beglückte güldne Zeit, Geschenk der ersten Güte,
O, dass der Himmel dich so zeitig weggerückt!
Nicht, weil die junge Welt in stätem Frühling blühte
Und nie ein scharfer Nord die Blumen abgepflückt;
Nicht, weil freiwillig Korn die falben Felder deckte
Und Honig mit der Milch in dicken Strömen lief;
Nicht, weil kein kühner Löw die schwachen Hürden schreckte
Und ein verirrtes Lamm bei Wölfen sicher schlief;
Nein, weil der Mensch zum Glück den Überfluss nicht zählte,
Ihm Nothdurft Reichtum war und Gold zum Sorgen fehlte!

Ihr Schüler der Natur, ihr kennt noch güldne Zeiten!
Nicht zwar ein Dichterreich voll fabelhafter Pracht;
Wer misst den äußern Glanz scheinbarer Eitelkeiten,
Wann Tugend Müh zur Lust und Armut glücklich macht?
Das Schicksal hat euch hier kein Tempe zugesprochen,
Die Wolken, die ihr trinkt, sind schwer von Reif und Strahl;
Der lange Winter kürzt des Frühlings späte Wochen,
Und ein verewigt Eis umringt das kühle Thal;
Doch eurer Sitten Werth hat alles das verbessert,
Der Elemente Neid hat euer Glück vergrößert.

Wohl dir, vergnügtes Volk! o danke dem Geschicke,
Das dir der Laster Quell, den Überfluss, versagt;

26

Dem, den sein Stand vergnügt, dient Armut selbst zum Glücke,
Da Pracht und Üppigkeit der Länder Stütze nagt.
Als Rom die Siege noch bei seinen Schlachten zählte,
War Brei der Helden Speis und Holz der Götter Haus;
Als aber ihm das Maß von seinem Reichtum fehlte,
Trat bald der schwächste Feind den feigen Stolz in Graus.
Du aber hüte dich, was Größers zu begehren.
Solang die Einfalt daurt, wird auch der Wohlstand währen.

[...]

Allein wohin auch nie die milde Sonne blicket,
Wo ungestörter Frost das öde Thal entlaubt,
Wird hohler Felsen Gruft mit einer Pracht geschmücket,
Die keine Zeit versehrt und nie der Winter raubt.
Im nie erhellten Grund von unterirdschen Grüften
Wölbt sich der feuchte Ton mit funkelndem Kristall,
Der schimmernde Kristall sprosst aus der Felsen Klüften,
Blitzt durch die düstre Luft und strahlet überall.
O Reichtum der Natur! verkriecht euch, welsche Zwerge:
Europens Diamant blüht hier und wächst zum Berge!

Im Mittel eines Thals von himmelhohem Eise,
Wohin der wilde Nord den kalten Thron gesetzt,
Entsprießt ein reicher Brunn mit siedendem Gebräuse,
Raucht durch das welke Gras und senget, was er netzt.
Sein lauter Wasser rinnt mit flüssigen Metallen,
Ein heilsam Eisensalz vergüldet seinen Lauf;
Ihn wärmt der Erde Gruft und seine Fluten wallen
Vom innerlichen Streit vermischter Salze auf:
Umsonst schlägt Wind und Schnee um seine Flut zusammen,
Sein Wesen selbst ist Feur und seine Wellen Flammen.

Marc-Théodor Bourrit

aus: **BESCHREIBUNG DER SAVOYISCHEN
EISGEBÜRGE (1786)**

Wir kamen hin und bewunderten sie, wie wenn sie ganz neu für
uns gewesen wären, so bezaubernd ist diese Art von Naturwerken.
Wir sahen den Talèfre mit Mauern von Eis, glänzend wie Diamant,
durchschnitten und fanden alle Gletscher am Abhang der Berge
beträchtlich dichter und Felder von Schnee, die wir noch nicht gesehen hatten. Wir waren gesonnen, den Talèfre zu besteigen und
uns, unter den von den Händen der Schöpfung drüber ausgespann-
ten Himmeln, auf diesen diamantenen Thronen zu setzen, welche
die Alten gewiss zur Wohnung irgendeiner Gottheit gemacht hätten, wenn sie solche hätten beschauen können wie wir. Wir nahmen unsern Weg dahin: Keine Spalten säumten unseren Gang; wir
betrachteten die unermesslichen Gebirge um uns her und die
Schneefelder, mit denen sie bedeckt sind, nach Lust. Mitten in diesen Einöden, so weit von menschlichen Wohnungen entfernt, er-
staunten wir selbst über die Kühnheit so kleiner Wesen wie wir
sind, die mit so viel Mut in diesen weiten einsamen Gegenden wan-
delten und aller Gefahr und Furcht trotzten, die sonst in diesen
verlorenen Orten die traurigen Gesellschafter der meisten Menschen sind.

[...]

Das Eis des Montanvert muss lange zwischen den schon beschriebe-
nen Berggipfeln eingeschlossen gewesen sein, ehe es einen Raum

28

zu weiterer Ausdehnung gewann. Gegen Chamonix erzwang es sich einen Pass; von da steigt es hinunter und bildet den Haufen Arveyron, ein neues seltsames Wunderwerk dieses Tals.

Der Weg dahin ist angenehm und voll Abwechslung; man geht am rechten Ufer der Arve hin, an der Seite des untersten Teils der Gebirge, und die Aussicht verbreitet sich auf der andern Seite auf Wiesen und flach gelegene Wälder und eine von der Arve und dem Arveyron gebildete Halbinsel aus, dessen Ursprung wir sehen werden. Der Arveyron ist breit, reißend, sein Lauf aber von seinem Ausgang aus dem Eishaufen nur eine halbe Stunde lang.

Kommt man diesem Haufen näher, so genießt man den Anblick des Dru, der sein Haupt pyramidenförmig über die Eisspitzen des Montanvert erhebt. Zuweilen, wenn die Wolken dran umherwandeln, gibt er ein vortreffliches Schauspiel; er durchbohrt sie und scheint hoch in der Luft zu hängen: Oft sieht man ihn mitten durch dichte Wolken noch ganz allein von der Sonne erleuchtet; alsdann scheint er eine Feuersäule, und die Dünste, die ihn umgeben, dem Rauch eines Vulkans ähnlich.

Ist man über die Arve und die Fläche hin, in welcher das Dorf Praz liegt, so betritt man einen Wald von Tannenbäumen, die bis auf hundert Fuß hoch sind. Ehedem war kein ordentlicher Weg durch diese kleine Waldung; jetzt kann man sich aus der Straße, die man da durchzog, einen Begriff machen, wie vortrefflich man diesen Gang fand; durchaus ist dieselbe schön und angenehm, und da man sonst nichts als Kiesel, Sandhaufen, und umgeworfene Bäume sah, ist jetzt ein ebener kühler Spaziergang, der von dem Schatten und Licht, das durch die sich kreuzenden Tannäste herabfällt, ungemein viel Abwechslung bekommt.

Rückt man weiter vor, so wird der Wald heller; die Höhe der Tannen vermindert sich, bald findet man nicht mehr als einige dünne Stämme zwischen den von den Bergen gerollten Stücken zerstreut liegen, aus welchen kleine Berge und Hügel entstanden sind. Allein noch entdeckt sich nicht, das eine so erstaunenswürdige Szene vermuten ließe, deren Genuss man doch so nahe ist. Dünen von Quarzsande verbergen sie noch; und nur wenn man über diese hin ist, entdeckt man den schönsten Eishaufen vor sich, der sich nur denken lässt.

Zuerst sieht man einen großen Berg von klarem Eise, mit durchsichtigen Spitzen gekrönt, sich neigend, auf eine breite Mauer von Granit gestützt, von der die Wasserfälle herabhängen, die man für Silberstangen halten könnte. Unten sieht man ein prächtiges Gewölbe von dunklem Blau, aus dessen Tiefe der Arveyron schäumend hervorquillt. Senkrechte Spalten durchschneiden dieses Gewölbe und stellen Bormauern, Spitzen, mehr und weniger hohe Säulen, und tausenderlei Abbildungen dar, welche, je nach dem verschiedenen Standpunkte, die Wirkung des Frontispizes von einem Tempel oder einer mit gotischen Reliefs gezierten Fassade tun oder die Einbildungskraft an die reizenden Schilderungen der Feengrotten, und jener aus Gold, Silber, und Edelgesteinen bestehenden Paläste der Götter und Göttinnen erinnern. Die Brocken von Eis oder Felsen, welche der Strom fortwälzt, verursachen scharfe, unterbrochene Töne, die aus der Tiefe der Höhle selbst zu kommen scheinen. Alles beschäftigt da die Einbildungskraft, alles verursacht Täuschung: Man möchte diesen Schönheiten näher beikommen und wagt sich hin von vielen Gefahren umgeben; man ist unter Mauern von Eis, zweihundert Schuhe hoch, gespalten von oben bis unten. Man sieht da erschütterte, hängende Massen, die der geringste Stoß hinabstürzen kann; schon deucht man sich unter ihren Ruinen. Nahe dabei liegen Trümmer von allen Größen und verkündigen, was in kurzer Zeit dieses ganze schöne Werk sein wird; oft fehlte es mir wenig, hier begraben zu liegen. Ich sah da verwegene Neugierige, mit dem Blick und Ausdruck des Schreckens zurückkommen; andere, die sich auf großen Granitstücken sicher glaubten, vom Wasser bewegt und fortgerückt. Es gibt Sommer, wo die Grotte höher oder niedriger, mehr oder weniger geschlossen ist; ich sah sie in der Gestalt eines Halbzirkels, auf einer Base neunzig Schuhe breit ruhend, über die ein Gewölbe von zweihundert Schuhen hoch emporstieg. Auch sah ich sie, da ihr Umkreis auf zwei dichten Eismassen ruhte, die gleich den Pforten eines herrlichen Tempels drei Öffnungen mit vorstehenden Säulen bildeten. Jedes Jahr tritt der Haufen vor und wieder zurück, und mit ihm Granitstücke von zwanzig bis vierzig Schuhen hoch und dick. Jede Jahreszeit verändert die Szene: Im Winter und Frühlinge sieht man nichts als eine unermessliche Mauer von Eis; im Sommer zerbirst sie, und durch die Anhäufung ihrer Trümmer sind der Arveyron und die Arve in ihrem Laufe gehemmt. Dieser Augenblick ist schrecklich, das Knallen furchtbar; der Sturz der Berge selbst würde nicht größere Wirkung tun. Endlich gewinnt der Fluss einen Durchgang, reißt den Damm ein, der ihn hielt, führt ihn weg und wirft ihn in ungeheuren Stücken an die Ufer, wo die Sonne sie zerschmilzt. Die von seinen Brocken angeschwellte Arve droht dann von Neuem den grünen Teppich zu überschwemmen, der sich inzwischen gebildet hat. Wie prachtvoll ist alsdann der große Eisberg! Seine Abschnitte glänzen dem Diamant gleich: Himmelblau, Meergrün, die Farbe des reinsten Goldes und Purpurrot spiegeln sich drinnen; die Strahlen der Sonne durchleuchten dieselben; sie sind voll wunderbarer Vertiefungen, Höhlen, und Erleuchtungen des lebhaftesten Lichts, die mit den von schwarzen Tannen und grünen Lerchenbäumen bedeckten Bergen in dem prächtigsten Kontraste stehen.

Vom Fuße des Eisberges kann man durch einen steilen Fußsteig, der mit Schutt bedeckt ist, auf den Montanvert kommen; allein dieser Weg ist für Frauenzimmer zu mühsam. Ich sah Reisende auf ihre Führer ungeduldig werden, weil sie den Weg vor ihren Füßen nicht ebnen konnten. Andere, als sie sich in Wolken verhüllt sahen, forderten, man müsste sie davon losmachen. Diese Dinge wären unglaublich, wenns nur unter Gelehrten und vernünftigen Menschen Neugierige gäbe. Ich sah einen Engländer unter das Gewölbe vorreiten, ungeachtet des Widerstands seines Maultiers hineindringen und sich so der Gefahr bloßsetzen, entweder selbst umzukommen oder wenigstens das Tier unter ihm zu ersäufen. Endlich sah ich auch Personen vom schönen Geschlechte, durch die erstaunenden Gegenstände beseelt, hier alle Furcht ablegen, sich längst über das Eis hinwagen, sich drauf lehnen und von Felsen zu Felsen springen, um das Schauspiel desto besser zu genießen. Wie viele Zeichner und Maler finden da die Regeln ihrer Kunst unnütz geworden und sich selbst schwache Schüler dieser unerwarteten Natur, die so außerordentlich und über alle vollkommene Nachahmung erhaben ist. Auch sind ihre Versuche meist nur mittelmäßige Skizzen; von Großen und Erhabenen so weit entfernt, als es diese Natur von allen gemeinen Vorstellungen ist.

Die Luft am Fuße des Arveyron ist scharf; die geringste Bewegung der Atmosphäre prellt von den sie bekränzenden Bergen zurück und wird in dem Schlunde des Montanvert ziehend, diese Bewegung kreuzt sich mit der, welche der schnelle Lauf des Flusses verursacht.

Ehe man diese Orte verlässt, muss man noch die erstaunenden Haufen Granit betrachten, welche der Fluss vor sich hertrieb oder die das Eis ausstieß: Man verliert sich drinnen, und ich kann sie mit nichts besser vergleichen als den Ruinen einer Stadt. Diese Trümmer gehören teils zu den nahen Bergen, teils zu den Höhen des Eismeers, das sie fortwälzt und aus seinem Schoße ausstößt. Um diese Erscheinung zu begreifen, muss man sich erinnern, dass die Eisberge des Montanverts sich in Bänke zerteilen, und von mehr oder weniger weiten Spalten zerrissen sind. Die oberen Bänke drücken immerdar die unteren und füllen die Zwischenräume dergestalt aus, dass immer einer auf den andern wirkt, bis an den letzten, der an den Arveyron grenzt. So machen denn die Granitbrocken, die von den Höhen herab auf das Eis fielen, den Weg mit demselben weiter vorwärts und kommen endlich durch diesen unmerkbaren, vielleicht schon mehrere Jahrhunderte hindurch während Fortgang weiter hinab. Die in die Spalten eingeklemmt sind, müssen langsamer fortrücken als die, welche um ihres Gewichtes willen auf den Bänken liegen geblieben. Diese Letzteren rollen von einem auf den andern und rücken also notwendig früher vorwärts. So sind dieses Eismeer, diese anscheinend unbeweglichen Bänke, die Spalten in einer beständigen Bewegung; und die Risse sind gleichsam die Fußstapfen jedes Teils des Gletschers.

[...]

Beim Besteigen des Montanvert sah man die Schwierigkeiten dieses Berges, und die Mühe, die man dabei auszustehen hat. Indessen war es zu wünschen, dass Frauenzimmer, die nach Chamonix gehen, sich einen Begriff von diesem Eismeer machen könnten, ohne so vielen Beschwerden ausgesetzt zu sein. Diesen Endzweck setzte ich mir bei einer meiner Reisen an den Fuß des Bochart, eines Berges auf der andern Seite des Gletscher, vor. Der Weg ist nur zwei kleine Stunden. Man geht durch die Ebene von Praz und kommt durch das Dorf Etine. Von diesem letzteren hat man eine Zeit lang zu steigen; hernach geht man von der Straße ab auf die rechte Seite, um einen Hügel zu erreichen, der, in dem schönsten Grün, mit dem Schnee und Eis, das die darüber hervorragenden Bergspitzen bekleidet, einen verwundernswürdigen Abstand macht. Schon auf diesem Hügel ist die Aussicht vortrefflich: Um sie aber noch besser zu haben, steigt man einen Fußsteig hinan, der an den Rändern des Gletschers fortgeht; und diesen hat man denn zum Teil unter, zum Teil über sich. Diese Stelle nun heißt der Chapeau. Hier betrachtet man mit Bewunderung den Anfang des Eismeers und seine Schrecken. Man kann sich keine Vorstellung von der scheußlichen Unordnung machen, die einem da vor den Augen liegt; lauter ungeheure Spitzen von Eis, und die schrecklichsten Spalten. Da der Abhang des Gletschers sehr steil ist, so neigt sich jede Spitze gegen die Tiefe und kehrt seine Schärfe vorwärts, wie die Pfähle an einem Festungswerk. Hier sieht man Trümmer, die der Einbildungskraft eine alte verödete Stadt darstellen; und deren durch die Zeit zerstörte Paläste noch jetzt in ihren aufgehäuften, und im Falle zerschmetterten Ruinen Bewunderung erregen. Aller Orten liegen umgeworfene Pilaster, Kornischen und Kapitäle; halb zerrissene Brücken und tausend andere ähnliche Gestalten. Die Sonne, welche die durchsichtigsten derselben erhellt, das azurblaue Dunkel, das die Vertiefungen färbt, verursacht die zierlichsten Farbenspielungen; und indem sich das Auge auf diese erstaunenswürdigen Erzeugungen heftet, wird man mit Eins von dem Einsturze einiger Teile derselben überrascht. Hier fällt ein Turm zusammen; dort zergeht eine Pyramide in Stücken, an einem andern Ort erbebt ein Gewölbe; näher glitschen Felsenstücke über ihren Grund hin, schleppen andere dergleichen und eine Menge Kiesel, selbst auch noch ganz grüne Bäume mit, welche aufrecht zwischen den Eishaufen und Spitzen stehen geblieben. Das plötzliche Getöse ihres Falles, ihr Krachen beim Zusammenstoßen und Brechen, versetzt in Schrecken, und man glaubt sich nicht sicher, als wenn man sich an den Berg klammert. Was aber noch mehr Erstaunen erweckt, ist, dass sich von der nämlichen Stelle die Aussicht zu jenen stolzen Bergspitzen und zu dem Mont Blanc erst hebt, den man hier abermals in seiner Höhe, Durchsichtigkeit und Glanz bewundern muss. Von diesem erhabenen Punkte steigt das Aug wieder ins Tal Chamonix nieder, und ermuntert sich am Durchlaufen seiner Wiesen, Felder, Waldungen und Dörfer. Die gedoppelte Aussicht, die mit so viel Grässlichem so viel Schönes vereinigt, ist die Erstaunendste und Anziehendste, die man nur genießen kann.

[...]

Auf der Seite, von welcher wir diesen Teil des Gletschers am Montanvert besichtigt haben, genießt man über den westlichen Teil von Chamonix hin die Aussicht in den Bossonsx, den wir beim Eingang ins Tal schon bewunderten. Er ist von allen Gletschern der, welcher am ersten ins Aug fällt und am höchsten herabsteigt; denn er geht ununterbrochen vom Mont Blanc aus. Es war noch niemand dahin gekommen, als ich den Entschluss dazu fasste; immer von dem Bewegungsgrunde geleitet, den Fremden interessante und leichte Spaziergänge zu verschaffen.

Um dahin zu kommen, muss man an der Abendseite von Prieuré über die Arve setzen. Da verlässt man die Hauptstraße, geht durch schöne angebaute Ländereien und niedliche Dörfchen und besteigt darauf den Berg mitten durchs Gehölze. Der Weg ist an einigen Orten sehr steil, und schon durch die Wipfel der Bäume entdeckt man die Eismauern, die man nun bald vor Augen hat. Ihr Anblick überrascht ungemein: Diese durchsichtigen Wände scheinen dem Menschen, der an ihrem Fuß hinkriecht, bis an das Gewölbe des Himmels vorzudringen. Einige der dortigen Eismassen sind an zweihundert Fuß hoch, die meisten durchlöchert; das Sonnenlicht durchdringt sie und wirft ganze Garben von Feuer und Licht zurück. Kommt man an den Fuß dieser Mauern selbst, so bewundert man ihre seltsamen Gestalten und ihre Festigkeit. Hier kann man mit Recht sagen, dass man die eine Hand auf dem Eise hält und mit der andern Früchte und Blumen pflückt. Nicht immer lässt sich der Gletscher leicht besteigen: Zuweilen muss man ihn über glashelle Wände erklimmen, wo man den Fuß nicht festsetzen kann und oft genötigt ist, sich mit Nägeln festzuhalten; zuweilen aber erreicht man ihn ohne Mühe. Und hat man diese Mauern erstiegen, welch ein reizendes Schauspiel genießt man da! Man sieht sich auf einem weiten Felde wellenförmigen Eises, mit mehr oder weniger tiefen Furchen durchschnitten, in denen Bäche von der hellsten Klarheit sich schlängeln: Nie sah man so reines Wasser; und es ist eine alltägliche Erfahrung, dass der Genuss desselben auch bei der stärksten Erhitzung nicht schadet. Vielleicht hat es diese Eigenschaft daher, dass keine Luftbläschen darin sind, weil dieselben noch nicht Zeit hatten, darein einzudringen.

Nachdem man mit Wollust davon gekostet hat, kann man weiter gegen das äußerste Ende des Gletschers vorrücken, wo man große, mit zerspalten Mauern eingeschlossene Vertiefungen unter sich hat; und die Aussicht fällt von da auf das Tal und auf Prieuré, dessen Anblick ungemein reizend ist. Dieser Gletscher ist so hell, dass man kaum drauf gehen kann; und es ist in der Tat lustig zu sehen, wie Männer hier den Kindern ähnlich sind, die man erst lehrt, sich auf den Füssen zu halten; wie sie gleich jenen wanken, vor- oder rückwärts fallen oder sich an der Hand ihrer stärkeren und geübteren Wegweiser führen lassen.

Die kalte Luft, welche vom Mont Blanc her weht, erweckt den Wunsch, ans entgegengesetzte Ufer hinüberzukommen. Um dasselbe zu erreichen, besteigt man den Gletscher wieder etwa dreihundert Schritte weit; und von da verlässt man ihn dann leicht. Noch vorher aber sieht man nicht ohne Erstaunen die ungeheure Höhe seines emporsteigenden Körpers; die Furchen seines Eises, seine Spitzen, seine drohenden Spalten und die unermesslichen, von Lawinen gebildeten Schneehaufen. Die letzteren Teile des Gletschers sind nicht weniger reizend; sie bilden dunkelblaue Gewölbe, malerische Höhlen, inkrustierte Wände und sehr schöne einzelne

Stücke, die sich leicht ablösen lassen, wobei man aber vorsichtig zu Werke gehen muss. Überdas verändert dieser Gletscher seine Größe und seine Schönheiten. Mehrere Jahre hindurch sah man ihn anwachsen, gegen die angebauten Grundstücke vorrücken und endlich dieselben überziehen. Dies war das Los eines beträchtlichen Stücks Landes, das sonst durch eine große Menge von Bergtrümmern gesichert schien: Der Besitzer hatte es ruhig zum Besäen gerüstet aber an einem Morgen, wie erstaunte er, sogar den Platz nicht mehr zu erkennen, wo solches gestanden hatte. Seitdem scheint das Eis sich wieder zurückzuziehen, um vielleicht mehr wieder zu geben, als es an sich gerissen hatte.

Friederike Brun

Chamonix beim Sonnenaufgange
(Im Mai 1791)

La Terra, il Mare, le Sfere
Parlan del tuo potere.
Metastasio.

Aus tiefen Schatten des schweigenden Tannenhains
Erblick' ich bebend dich, Scheitel der Ewigkeit,
Blendender Gipfel, von dessen Höhe
Ahndend mein Geist ins Unendliche schwebet!

Wer senkte den Pfeiler tief in der Erde Schoß,
Der, seit Jahrtausenden, fest deine Masse stützt?
Wer türmte hoch in des Äthers Wölbung
Mächtig und kühn dein umstrahltes Antlitz?

Wer goss euch hoch aus des ewigen Winters Reich,
O Zackenströme, mit Donnergetös' herab?
Und wer gebietet laut mit der Allmacht Stimme:
»Hier sollen ruhen die starrenden Wogen!«

Wer zeichnet dort dem Morgensterne die Bahn,
Wer kränzt mit Blüten des ewigen Frostes Saum?
Wem tönt in schrecklichen Harmonien,
Wilder Arveyron, Dein Wogengetümmel?

Jehovah! Jehovah! kracht's im berstenden Eis;
Lawinendonner rollen's die Kluft hinab;
Jehovah! rauscht's in den hellen Wipfeln,
Flüstert's an rieselnden Silberbächen.

Gotthold Friedrich Stäudlin

DIE GLETSCHER BEI GRINDELWALD (1784)

Ja! ich hab' euch gesehn, die ihr auf Wirtembergs Feste
Schon die staunende Seele zum Lobgesange begeistert,
Ja, ich hab' euch gesehn, Helvetiens Riesengebirge!
Euch gesehn und gefühlt in seiner unnennbaren Größe,
Der euch türmt in die Wolken und über euch stellte die Sonne,
Ihn so groß und den Menschen so klein – mit schlotternden Knien,
Keuchender Brust und schwimmendem Aug' und tropfender Stirne,
Klomm ich die Felsen hinan! Sie hingen mir über dem Haupte
Furchtbar und schwarz, wie ein Wetter, und senkten sich dicht an
    den Füßen
Säulenähnlich hinab in den ungemessenen Abgrund,
Bis zu den Schlünden hinunter des tausendjährigen Eises,
Welches in Pyramiden sich majestätisch emporhebt.
Hätte des Klimmenden Fuß auf dem Felsenpfade geglitten,
Oder ihn überwältigt der sinnefesselnde Schwindel;
Hoch ab wär' er gestürzt und hätt' an zackigen Klippen
Oder am starrenden Eis die blutenden Scheitel zerschmettert;
Und sie würden ihn nimmer erkennen, den wundenentstellten
Leichnam des Freundes, die Freunde, wofern sie am Ufer ihn fänden.
Aber es leitete mich die heilige Rechte der Vorsicht,
So wie ehmals am Gängelbande den sicheren Säugling,
Führte die Unsichtbare den Jüngling über die Felsen! –
Siehe, da stand ich nun auf dem alternden Schutte des Eismeers,
Sah verschwunden um mich die alte Schöpfung, und neue

Welten entstanden vor mir! Ich dachte mich Zemblas Bewohner!
Über mir flammte das Licht der erdebefruchtenden Sonne,
Strömte der Sommerhimmel in seiner lieblichen Bläue;
Aber rings um mich her war Eis und der ewige Winter,
War ein feierlich Schweigen! – Nur sie, die wachsende Schneelast,
Stürzend ins ächzende Tal und der Donner vom berstenden Felsen,
Der in der hallenden Tiefe versank, in der schäumenden Werkstatt,
Wo die Natur dem dürstenden Lande sein Wasser bereitet,
Sie nur brachen das heilige Schweigen, und füllten des Hörers
Seele mit Staunen, und beugten sein Knie der betenden Andacht!
Jetzo schwebten die Schimmer der mählich scheidenden Sonne
Über die Berge dahin, gleich einer höhern Erscheinung,
Schnell und herrlich! Gerötet von ihrem brennenden Golde
Glänzten die silbernen Schläfen der himmelbenachbarten Jung-
    frau,
Prangte die Felsenstirne des stolzen Eigers, und deine,
Riese Schreckhorn, dem heulend entstürzt der verwegene Waid-
    mann;
Dessen Schultern allein die Kühnste der Gemsen erklettert,
Dessen Scheitel allein der Kühnste der Adler umflattert,
Welcher Bruder, Gotthard! dich grüßt, und Schwester, dich Furka!
Scheid', o scheide noch nicht, du Strahlenkönigin, weile!
Spiegle noch länger dein Antlitz in diesen prächtigen Säulen,
Diesen Türmen von Eis! Es ist zu herrlich, dies Schauspiel!
Schöner ist nicht im säuselnden Regen der Bogen des Friedens!
Scheinen nicht dort aus dem Eise Violen und Rosen zu sprossen?
Stehen sie nicht wie Pfeiler von Jaspis in Tempeln der Andacht
Diese Säulen? Und scheint auf ihren türmenden Häuptern
Nicht der Glanz des Rubins mit dem blauen Saphire zu eifern?
Reiche mir, Führer! den Stab, und waffne die Sohlen mit Zacken,
Denn erklimmen muss ich dort jenen prächtigen Eisberg!

Leite mich weiter hinauf und halte mich, dass ich nicht sinke!
Jetzt, jetzt bin ich ihm nahe dem Gipfel! Hier steh' ich und atme
Reinere Luft, und starre hinab in die offenen Klüfte
Blicke staunend umher auf die Reihen der Eispyramiden,
Sehe dort fern am Felsen hinauf die einsamen Hütten
Glücklicher Sennen, und Ziegen, die fetten Weiden verfolgend.
Wie es unter mir donnert! Mir ist, als bebte der Eisberg,
Drohte zu bersten und mich zu begraben unter die Trümmer!
Ha! wie dort der gewaltige Strom aus der Pforte des Eisturms,
Gleich als würd' er geschleudert, in schwärzlichen Wogen hervor-
    schäumt,
Und sich befruchtend ergießt in den Schoß des blühenden Tales!
Nein! so mächtig ergriff es mich noch auf keiner der Höhen,
Keiner der Tiefen, das hohe Gefühl der schaffenden Allmacht!
Zu der Sonne heb' ich mein Haupt, und bete mit stummen
Blicken dich an, und fühle mich dir, du Unendlicher, näher!
Welch ein neues Gefühl gesellt sich auf einmal zu deiner
Größe Bewunderung! Sie tönt in mein Ohr wie Harfengelispel,
Schwebet mir vor wie Gesichte des Himmels, und säuselt, wie
    reiner
Äther, Ruh' in mein Herz – sie meiner Unsterblichkeit Ahnung!
Ja ihr furchtbaren Felsen! ihr mit den schneeichten Häuptern
Stolze Gebirg', an welchen mein Aug' jetzt schwindelnd hinauf-
    blickt,
Werdet verwittern, verstäuben nach vieler Jahrtausende Kreislauf –
Und kein Auge die Stätte der Hingeschwundnen mehr kennen!
Ja ihr starrenden Türm', auf welchen bebend mein Fuß ruht,
Werdet versinken und bis zum letzten Tropfen versiegen!
Der euch entquoll, der schäumende Strom, wird mit euch vertrock-
    nen
Und kein Auge die Stätte des Hingeschwundnen mehr kennen!

Aber ich, mit der ewigen Flamme der Gottheit im Busen,
Diesem denkenden Geist, ich werde nimmer vergehen,
Werde leben und lesen in jenem heiligen Buche,
Welches die Wunder des Schöpfers mit flammenden Ziffern ent-
    rätselt,
Wie er euch wunderbar schuf und wunderbar wieder vertilgte.

Lord Byron

MANFRED (1817)

Mont Blanc is the Monarch of mountains;
 They crowned him long ago
On a throne of rocks, in a robe of clouds,
 With a Diadem of snow.
Around his waist are forests braced,
 The Avalanche in his hand;
But ere it fall, that thundering ball
 Must pause for my command.
The Glacier's cold and restless mass
 Moves onward day by day;
But I am he who bids it pass,
 Or with its ice delay.
I am the Spirit of the place,
 Could make the mountain bow
And quiver to his caverned base –
 And what with me would'st *Thou?*

Montblanc ist der Berge König.
    Längst auf seinem Felsenthron
Krönten sie im Wolkenmantel
    Mit der Eiseskron ihn schon.
Wälder schmücken seine Hüfte,
    Die Lawine seine Hand;
Aber ich muss erst befehlen,
    Bis sie stürzt von fels'ger Wand.
Täglich schieb die Gletschermasse
    Rastlos weiter sich und kalt,
Aber ich bin's der sie treibet,
    Der ihr ruft ein plötzlich Halt.
Ich, der Geist des Hochgebirges,
    Dem sich beugt das Schneerevier,
Dem der Berge Sohlen zittern.
    Was verlangst *du*, sprich, von mir?

Percy Bysshe Shelley

Brief an Thomas Love Peacock, 24 Juli 1816

Gestern Morgen gingen wir zur Quelle des Arveyron. Sie liegt etwa eine Wegstunde von diesem Dorf; der Fluss wälzt sich ungestüm aus einem Gewölbe aus Eis und teilt sich über einen weiten Teil des Tales, das verwüstet und bloßgelegt von seinen Fluten liegt, in viele Ströme. Der Gletscher, aus dem sich seine Wasser speisen, thront über dieser Höhle und der Ebene, und den Pinienwäldern, die sie umgeben, mit schrecklichen Klippen von massivem Eis. Auf der anderen Seite erhebt sich der immense Gletscher von Montanvert, fünfzig Meilen im Umfang, eine Kluft bedeckend zwischen Bergen von unvorstellbarer Höhe und von Formen so spitz und abrupt, dass sie den Himmel zu durchstechen scheinen. Von diesem Gletscher aus sahen wir, als wir auf einem Felsen nahe bei einem der Ströme des Arveyron saßen, wie sich Massen von Eis von hoch oben loslösten und mit einem lauten, dumpfen Lärm ins Tal hinunterstürzten. Die Wucht ihres Sturzes verwandelte sie in Staub, das wie Wasserfälle über die Felsen floss, deren Schluchten sie besetzten und füllten.

Am Abend besuchte ich mit Ducrée, meinem Führer, der einzigen tolerierbaren Person, der ich in diesem Land begegnet bin, den Gletscher von Bosson. Dieser Gletscher, wie jener von Montavert, reicht nahe an das Tal, überragt die grünen Weiden und die dunklen Wälder mit dem blendendem Weiß seiner Klippen und Zinnen, die wie Turmspitzen aus strahlendem Kristalls sind, bedeckt mit einem Geflecht mattierten Silbers.

Diese Gletscher fließen ohne Unterlass ins Tal, verwüsten in ihrem langsamen, aber unwiderstehlichen Vorankommen die Weiden und die Wälder, welche sie umgeben, betreiben ein Werk der Verheerung, welches ein Lavastrom in einer Stunde vollbringen könnte, doch viel unwiederbringlicher; denn wo das Eis einmal hingekommen ist, wächst auch die robusteste Pflanze nicht mehr; selbst wenn es sich, wie unter einigen außergewöhnlichen Umständen, zurückziehen sollte, nachdem es seine Wanderung einmal angetreten hat. Die Gletscher bewegen sich immerzu voran, mit einer Geschwindigkeit von einem Fuß pro Tag; ihre Wanderung beginnt an dem Punkt, wo sie, an den Grenzen des fortwährenden Erstarrens, durch das Gefrieren des Wassers geschaffen werden, welches vom teilweisen Schmelzen des ewigen Schnees herrührt. Von ihrem Herkunftsort schleifen sie enorme Felsen und immense Ansammlungen von Sand und Stein mit sich. Diese werden von dem unwiderstehlichen Strom von massivem Eis vorwärtsgetrieben; und wenn sie an einem Abhang des Berges ankommen, zügig genug, rollen sie hinab, Zerstörung um sich streuend. Ich sah einen solchen Felsen, der im Frühling heruntergekommen war (der Winter ist hier die Jahreszeit der Stille und Sicherheit) und vierzig Fuß an jeder Seite maß.

Der Rand eines Gletschers, wie jenes von Bossons, stellt das lebhafteste Bild von Verlassenheit dar, das man sich vorstellen kann. Niemand wagt es, sich ihm zu nähern, denn die enormen Spitzen von Eis, die immerzu hinabstürzen, werden immerzu reproduziert. Die Kiefern des Waldes, der ihn an einem Ende einfasste, liegen an seiner Sohle umgestoßen und zu großen Teilen zerbrochen. Es steckt etwas unbeschreiblich Schreckliches im Anblick der wenigen, zweiglosen Baumstämme, die, am nächsten bei den Eisspalten, noch im entwurzelten Erdreich stehen. Die Wiesen verschwinden, erdrückt von Sand und Steinen. Im letzten Jahr sind diese

Gletscher dreihundert Fuß talwärts gewandert. Saussure, der Naturforscher, sagt, dass sie Perioden der Zunahme und des Verfalls unterliegen. Die Menschen dieses Landes vertreten eine gänzlich andere Ansicht; nach meinem Urteil die wahrscheinlichere. Es herrscht Einigkeit darüber, dass der Schnee auf dem Gipfel des Mont Blanc und der angrenzenden Berge immerzu anwächst und dass das Eis fortbesteht in der Form von Gletschern, ohne zu schmelzen während der flüchtigen und unbeständigen Sommer im Tal von Chamonix. Wenn der Schnee, der diesen Gletscher hervorbringt, zunimmt, und die Hitze des Tales kein Hindernis für die fortwährende Existenz solcher Eismassen ist, wie sie bereits ins Tal vorgerückt sind, ist die Konsequenz offensichtlich: Die Gletscher müssen anwachsen und werden fortbestehen, wenigstens bis sie dieses Tal überfließen.

Ich werde Buffons grandiose, doch düstere Theorie nicht weiterverfolgen – dass diese Erdkugel, welche wir bewohnen, in einem künftigen Zeitalter in eine Masse von Frost verwandelt werde durch das Vordringen des Polareises und von jenem, welches an den höchsten Punkten der Erde entsteht.

Stellt Ihr, die Ihr die Vorherrschaft Ahrimans behauptet, ihn euch in diesen zerstörerischen Schneefällen thronend vor, inmitten dieser Paläste von Tod und Frost, so geformt in dieser ihrer schrecklichen Pracht von der unerbittlichen Hand der Notwendigkeit, und dass er, als erste Erprobungen seiner endgültigen Machtergreifung, Lawinen, Sturzfluten, Felsen und Donner um sich auswirft, und über allem diese tödlichen Gletscher, zugleich Beweis und Symbol seiner Herrschaft; – fügt zu diesem die Degeneration der menschlichen Spezies – welche in dieser Region halb deformiert oder minderbemittelt ist, die meisten von ihnen allem beraubt, was Interesse oder Bewunderung erregen könnte. Dieser Aspekt des Themas ist schwermütiger und weniger erhaben; einer aber, den weder Poet noch Philosoph zur Betrachtung geringschätzen sollte.

Mary Wollstonecraft Shelley

aus:

FRANKENSTEIN (1831)

Den folgenden Tag benützte ich, um das Tal zu durchstreifen. Ich
stand an der Quelle des Arveyron, am Fuße des Gletschers, der mit
langsamen Schritten von der Höhe hinabgleitet. Zu beiden Seiten
ragten schroffe Felshänge gegen den Himmel und vor mir lag die
mächtige Fläche des Gletschers. Einige zerbrochene Fichten lagen
ringsherum zerstreut, und das feierliche Schweigen ward nur unterbrochen durch das Murmeln des Baches oder das Poltern eines
herabfallenden Felsstückes, das Donnern von Lawinen oder das
Krachen berstenden Eises, das an den Wänden widerhallte. Dieses
majestätische Schauspiel vermochte mir etwas Ruhe zu geben. Es
erhob mich und ließ mich das als klein empfinden, was ich fühlte.
Jedenfalls zerstreuten sie die düsteren Gedanken, über die ich die
letzten zwei Monate nicht hinausgekommen war. Als ich abends
heimkehrte und mich zur Ruhe legte, verflocht sich das Herrliche,
was ich den Tag über gesehen, in meine Träume. Alle kamen sie:
die schneebedeckten Bergspitzen, die schimmernden Felszinnen,
die Fichten und das zerklüftete Tal, der Adler, der seine Kreise in
den Lüften zieht; sie alle kamen und baten, dass ich mich beruhi-
gen möge.

Aber wohin waren sie entflohen, als ich am nächsten Tage die
Augen auftat? Alle Fröhlichkeit war mit dem Schlaf entflohen und
eine graue Wolke tiefster Melancholie lagerte auf meiner Seele.
Der Regen rauschte in Strömen hernieder, und dichte Nebel ver-
hüllten die Häupter meiner geliebten Berge. Trotzdem beschloss

ich, den Nebelschleier zu durchdringen und hinaufzusteigen auf die steilen Höhen. Was bedeuteten mir Sturm und Regen? Man brachte mir mein Maultier, und ich machte mich auf den Weg nach dem Montanvert. Ich erinnerte mich des Eindruckes, den der mächtige, immer von Unruhe erfüllte Gletscher ausgeübt hatte, als ich ihn das erste Mal sah. Sein Anblick hatte mich damals in Entzücken versetzt und meiner Seele Schwingen verliehen, die sie weit über den Alltag hinaus in lichte, freudige Gefilde erhoben. Das Erhabene in der Natur hatte mir immer Feierstimmung eingeflößt und mich die kleinlichen Sorgen vergessen lassen. Ich beschloß auf den Führer zu verzichten, denn ich kannte ja Weg und Steg hier oben und fürchtete, die Anwesenheit eines Zweiten würde mir die Stimmung verderben.

Der Anstieg ist sehr steil, aber der Weg ist in weiten Serpentinen in die Wand eingeschnitten, sodass die Überwindung des senkrechten Absturzes möglich wird. Es ist ein Bild furchtbarster Öde und Einsamkeit, das sich hier den Augen bietet. An tausend Stellen bemerkte man noch die Spuren der winterlichen Lawinen, zerbrochene und abgerissene Bäume bezeichnen die Wege, die sie gegangen. Einzelne Bäume waren vollkommen vernichtet, andere beugten sich schräg über den Abgrund oder lehnten sich müde an andere, die noch festgeblieben. Der Weg wird, je höher man steigt, umso öfter von Schneewällen unterbrochen, auf denen unaufhörlich Steinbrocken zu Tale schießen. An einzelnen Stellen ist es besonders gefährlich, indem das leiseste Geräusch, sogar das Sprechen, imstande ist, eine Lawine zu erzeugen und Gefahr auf das Haupt des Unvorsichtigen herabzuziehen. Die dort wachsenden wenigen Bäume sind nicht groß und geben mit ihrer dunklen Färbung der Gegend das Gepräge des Ernstes. Ich sah hinunter gegen das Tal. Weiße Nebel stiegen von den Flüssen, die dort unten dahineilten, und krochen in dicken Schwaden an den Hängen der Berge herauf, deren Häupter von den Wolken in einförmiges Grau gehüllt wurden. Vom düsteren Himmel rann der Regen und erhöhte die Melancholie meiner Umgebung. Warum rühmen wir Menschen uns der größeren Feinfühligkeit gegenüber dem Tiere? Wenn unsere Sinne sich lediglich auf Hunger, Durst und Liebe erstreckten, wären wir nahezu frei; aber so, wie wir jetzt sind, bewegt uns jeder Hauch der Luft und wir hängen ab von einem zufälligen Wort oder Anblick.

Es war fast Mittag, als ich die Höhe erreichte. Eine Zeit lang saß ich auf einem Felsstück und sah hinunter auf das Eismeer, auf dem Nebel brüteten wie auf den umgebenden Bergen. Zuweilen zerstreute ein Windstoß die Wolken, sodass die Aussicht frei wurde. Die Oberfläche des Gletschers war sehr uneben, es war, als sei ein Meer in seiner Erregung erstarrt und von tiefen Spalten zerrissen. Das Eisfeld war nur etwa eine Meile breit, aber ich brauchte beinahe zwei Stunden, um es zu überqueren. Drüben ragte die Felswand senkrecht gegen den Himmel. An der Stelle, wo ich nun stand, hatte ich den Montanvert gerade gegenüber, über dem sich der Montblanc in grausiger Majestät erhob. Ich drückte mich in einen Felsspalt und konnte mich an der herrlichen Szenerie kaum sattsehen. Die eisigen, glitzernden Bergspitzen leuchteten über den Wolken in goldigem Sonnenschein. Mein Herz, das vorher noch so gedrückt war, empfand etwas wie Freude und ich rief: »Wandernde Geister, lasst mir dieses Glück, oder wenn das nicht möglich ist, nehmt mich zu euch fort von den Gefilden dieser Erde!«

Während ich mich diesen Gedanken hingab, bemerkte ich in einiger Entfernung die Gestalt eines Menschen, der mit übernatürlicher Eile auf mich zukam. Er sprang über die Eisschrunden, die ich nur mit äußerster Vorsicht überklettert hatte; er schien, je näher er mir kam, immer mehr von außergewöhnlicher Größe. Ich zitterte – ein Schleier legte sich über meine Augen, und ich meinte, umsinken zu müssen. Aber rasch erholte ich mich wieder unter dem eisigen Wind, der mir da oben um die Schläfen fegte. Ich erkannte, als er näher kam, dass es mein gehasster Feind war, den ich mir geschaffen. Zorn und Abscheu hatten sich meiner bemächtigt, und ich konnte kaum mehr den Augenblick erwarten, dass er mir nahe genug war, um mich mit ihm im Kampfe auf Leben und Tod zu messen. Nun stand er vor mir. In seinem Antlitz lag tiefes Leid, gemischt mit Verachtung und Bosheit, und seine unbeschreibliche Hässlichkeit bot einen Anblick, der für ein Menschenauge kaum zu ertragen war. Aber ich bemerkte das zuerst nicht. Wut und Hass ließen mich gar nicht zum Handeln kommen und machten sich dann Luft in Worten der tiefsten Verachtung und des äußersten Abscheues.

»Teufel, verfluchter«, rief ich aus, »wagst du es, mir vor die Augen zu treten? Und fürchtest du nicht, dass dich mein rächender Arm zerschmettert? Fort von mir, du hässliches Insekt! Oder besser bleib, dass ich dich zu Staub zermalmen kann! Und könnte ich doch, indem ich das Licht deines verhassten Lebens ausblase, die Opfer wieder lebendig machen, die du in teuflischer Bosheit vernichtet hast!« »Ich wusste, dass du so zu mir sprechen würdest«, sagte der Dämon. »Alle Menschen verfolgen mich mit ihrem Hass. Und warum muss ich gerade so gehasst werden, der ich doch selbst so über alle Maßen elend bin? Und auch du, mein Schöpfer, du fluchst und zürnst mir, deinem Geschöpf, mit dem dich doch Bande verknüpfen, die nur durch die Vernichtung eines von uns beiden gelöst werden können. Du willst mich töten? Wie kannst du so verschwenderisch mit dem Leben umgehen? Tu deine Pflichten gegen mich, und ich werde auch die meinen gegen dich und alle übrigen Menschen erfüllen. Wenn du dich entschließen kannst, auf meine Bedingungen einzugehen, will ich dich und die Deinen in Ruhe lassen. Aber wenn du Nein sagst, dann will ich Freund Hein seinen Bauch mit dem Blute der Deinigen füllen.«

»Ekelhaftes Scheusal! Die furchtbarsten Qualen der Hölle sind noch viel zu gelind für dich. Verfluchter Satan, du wirfst mir vor, dass ich dich schuf! Komm her, und ich will den Funken zertreten, den ich in so leichtfertiger Weise angefacht.«

Der Zorn packte mich, und ich sprang auf ihn ein, getrieben von dem tödlichsten Hass, dessen eine Menschenbrust fähig ist.

Gewandt wich er meinem Angriff aus und sagte:

»Beruhige dich! Ich flehe dich an, höre, was ich dir zu sagen habe, ehe du deinem Zorn gegen mich freien Lauf gewährst. Habe ich noch nicht genug Leid getragen, dass auch du es noch vergrößern musst? Das Leben, mag es auch nur eine Reihe von Qualen für mich sein, so ist es mir doch lieb und ich bin gesonnen, es zu verteidigen. Vergiss nicht, dass du mich viel stärker gemacht hast, als du selbst bist; ich bin größer als du und meine Glieder sind mächtiger als die deinen. Aber ich habe gar nicht die Absicht, meine Kräfte gegen dich zu erproben. Ich bin deine Kreatur, und ich will dir, meinem Herrn und König, dankbar und ergeben sein, wenn du das tust, was du mir schuldest. Frankenstein, du bist gerecht und gut gegen andere, nur gegen mich allein, der deiner Liebe, Güte und Gerechtigkeit am meisten bedarf, bist du grausam und hart. Bedenke doch, dass ich ein Werk deiner Hände bin! Eigentlich sollte ich der Adam sein, aber ich bin mehr der gefallene Engel, einer, den du aus dem Paradies vertreibst und elend machst. Überall sehe ich Freude und soll doch ihrer nie teilhaftig werden. Ich war gut und wohlwollend; das Unglück hat mich zu dem gemacht, was ich jetzt bin. Verschaffe mir das Glück, und ich will stille sein.«

»Pack dich! Ich will nichts mehr von dir hören. Zwischen dir und mir kann es keine Gemeinschaft geben, wir sind Todfeinde. Geh oder lass uns unsere Kräfte im Kampfe messen, in dem einer von uns bleiben muss!«

»Wie kann ich dein Herz rühren? Kann denn kein Bitten, kein Flehen dich bewegen, gnädig auf dein Geschöpf zu blicken, das dich um Güte und Mitleid bittet? Glaube mir, Frankenstein, ich war anfangs nicht böse, in meiner Seele wohnten Güte und Liebe; aber ich bin allein, so furchtbar allein. Du, mein Schöpfer, verabscheust mich, und was habe ich von deinen Mitmenschen zu erwarten, die mir so gar nicht nahestehen? Sie hassen und verfolgen mich. Die öden Berghalden und traurigen Gletscher sind meine Zufluchtsorte. Ich habe mich hier so manchen Tag aufgehalten. Die Eishöhlen, die allein ich nicht fürchte, sind meine Wohnstätten, und um sie beneidet mich kein menschliches Wesen. Ich segne diesen kalten Himmel, denn er ist gütiger mit mir als deine Mitmenschen. Glaube mir, es wissen ja nicht viele von meiner Existenz; aber wenn das der Fall wäre, dann würden sie sich, wie du, zu meiner Vernichtung entschließen. Soll ich denn die nicht hassen dürfen, die mich so verabscheuen? Und ich lasse nicht mit mir spaßen. Ich bin elend und verflucht, und sie sollen es auch werden. Du hast es in der Gewalt, mich versöhnlich zu stimmen und die Welt von einem Ungeheuer zu befreien, das nicht nur dich und die Deinen, sondern auch Tausende anderer im Wirbelwinde seines Zornes zermalmen kann. Habe Mitleid mit mir und verachte meine Bitten nicht. Höre, was ich dir erzähle, und dann überlass mich meinem Schicksal oder habe Mitleid mit mir, wie du meinst, dass ich es verdiene. Aber höre mich zuerst an. Eure Menschengesetze sind roh und blutig, aber dennoch gestatten sie dem Verbrecher, zu seiner Verteidigung das Wort zu ergreifen. Höre mich an, Frankenstein. Du beschuldigst mich des Mordes und wolltest, ohne dass sich dein Gewissen geregt hätte, dein Geschöpf vernichten. Gepriesen sei die ewige Gerechtigkeit der Menschen! Aber ich bitte dich gar nicht um Schonung. Höre mich zuerst an, und dann, wenn du kannst und musst, dann zerstöre das Werk deiner Hände.«

»Warum erinnerst du mich«, erwiderte ich, »an die unseligen Ereignisse, die mich heute noch erschauern machen, an die Zeit, da ich dich ins Leben rief? Verdammt sei der Tag, elender Teufel, da du das erste Mal das Licht sahst. Verflucht seien die Hände, die dich formten! Du hast mich über alle Maßen unglücklich gemacht. Du hast mir die Kraft genommen zu unterscheiden, was gut und böse ist. Geh! Lass mich deine verhasste Gestalt nie wieder sehen.«

»So will ich meine Gestalt deinen Blicken entziehen«, sagte er und hielt mir seine mächtige Hand vor die Augen, die ich mit Grauen wegschlug. »So könntest du mich wenigstens hören und Mitleid mit mir haben. Bei meinem besseren Ich beschwöre ich dich, höre meine Worte. Die Geschichte, die ich zu erzählen habe, ist lang und seltsam, und auf diesem Platze herrscht eine Temperatur, die deinem feinen, zierlichen Leib nicht zusagen dürfte. Komm mit mir in meine Hütte auf dem Berge. Die Sonne steht jetzt noch hoch. Ehe sie hinter jenen schneeigen Höhen hinuntergestiegen ist und anderen Ländern leuchtet, hast du meine Geschichte gehört und kannst dich entscheiden. An dir liegt es, ob ich dann die Nähe der Menschen fliehe und irgendwo versteckt ein harmloses Dasein führe oder dir und vielen anderen zum Würger werde.«

Unterdessen hatte er den Weg über das Eis eingeschlagen und ich folgte ihm. Mein Herz war zu voll und ich fand keine Worte, um ihm irgendetwas zu erwidern. Aber während ich ging, erwog ich die verschiedenen Umstände, deren er Erwähnung getan, und beschloss, zum Mindesten seine Geschichte anzuhören. Hauptsächlich war es Neugierde, die mir diesen Entschluss eingab, aber auch ein schwaches Gefühl des Mitleids mengte sich hinein. Ich hatte ihn bisher für den Mörder meines Bruders gehalten und war begierig, aus seinen Worten eine Bestätigung oder Widerlegung dieser Ansicht zu vernehmen. Ich empfand auch das erste Mal, dass ein Schöpfer seinem Werke gegenüber Verpflichtungen habe und dass ich versuchen müsse, dem Armen etwas Glück zu bescheren. All diese Erwägungen machten mich seinen Bitten geneigter. Wir passierten das Eis und stiegen die Felswand hinan. Es war eiskalt und der Regen begann wieder herabzurieseln. Wir betraten die Hütte. Mein Feind mit einer Gebärde des Triumphes, ich aber mit schwerem Herzen und in tiefster Niedergeschlagenheit. Aber ich hatte versprochen, ihn anzuhören und setzte mich deshalb zum Feuer, das mein unangenehmer Gesellschafter angezündet hatte. Dann begann er seine Erzählung.

Adalbert Stifter

aus: # BERGKRISTALL (1845)

»Wo sind wir denn, Konrad?«, fragte das Mädchen.

»Ich weiß es nicht«, antwortete er.

»Wenn ich nur mit diesen meinen Augen etwas zu erblicken imstande wäre«, fuhr er fort, »dass ich mich danach richten könnte.«

Aber es war rings um sie nichts als das blendende Weiß, überall
das Weiß, das aber selber nur einen immer kleineren Kreis um sie
zog und dann in einen lichten, streifenweise niederfallenden Nebel überging, der jedes Weitere verzehrte und verhüllte und zuletzt
nichts anderes war als der unersättlich niederfallende Schnee.

»Warte, Sanna«, sagte der Knabe, »wir wollen ein wenig stehen
bleiben und horchen, ob wir nicht etwas hören können, was sich im
Tale meldet, sei es nun ein Hund oder eine Glocke oder die Mühle,
oder sei es ein Ruf, der sich hören lässt; hören müssen wir etwas,
und dann werden wir wissen, wohin wir zu gehen haben.«

Sie blieben nun stehen, aber sie hörten nichts. Sie blieben noch
ein wenig länger stehen, aber es meldete sich nichts, es war nicht
ein einziger Laut, auch nicht der leiseste außer ihrem Atem zu vernehmen, ja, in der Stille, die herrschte, war es, als sollten sie den
Schnee hören, der auf ihre Wimpern fiel. Die Voraussage der Großmutter hatte sich noch immer nicht erfüllt, der Wind war nicht
gekommen, ja, was in diesen Gegenden selten ist, nicht das leiseste
Lüftchen rührte sich an dem ganzen Himmel.

Nachdem sie lange gewartet hatten, gingen sie wieder fort.

»Es tut auch nichts, Sanna«, sagte der Knabe, »sei nur nicht verzagt, folge mir, ich werde dich doch noch hinüberführen. – Wenn nur das Schneien aufhörte!«

Sie war nicht verzagt, sondern hob die Füßchen, so gut es gehen wollte, und folgte ihm. Er führte sie in dem weißen, lichten, regsamen, undurchsichtigen Raume fort.

Nach einer Weile sahen sie Felsen. Sie hoben sich dunkel und undeutlich aus dem weißen und undurchsichtigen Lichte empor. Da die Kinder sich näherten, stießen sie fast daran. Sie stiegen wie eine Mauer hinauf und waren ganz gerade, sodass kaum ein Schnee an ihrer Seite haften konnte.

»Sanna, Sanna«, sagte er, »da sind die Felsen, gehen wir nur weiter, gehen wir weiter.«

Sie gingen weiter, sie mussten zwischen die Felsen hinein und unter ihnen fort. Die Felsen ließen sie nicht rechts und nicht links ausweichen und führten sie in einem engen Wege dahin. Nach einer Zeit verloren sie dieselben wieder und konnten sie nicht mehr erblicken. So wie sie unversehens unter sie gekommen waren, kamen sie wieder unversehens von ihnen. Es war wieder nichts um sie als das Weiß, und ringsum war kein unterbrechendes Dunkel zu schauen. Es schien eine große Lichtfülle zu sein, und doch konnte man nicht drei Schritte vor sich sehen; alles war, wenn man so sagen darf, in eine einzige weiße Finsternis gehüllt, und weil kein Schatten war, so war kein Urteil über die Größe der Dinge, und die Kinder konnten nicht wissen, ob sie aufwärts oder abwärts gehen würden, bis eine Steilheit ihren Fuß fasste und ihn aufwärts zu gehen zwang.

»Mir tun die Augen weh«, sagte Sanna.

»Schaue nicht auf den Schnee«, antwortete der Knabe, »sondern in die Wolken. Mir tun sie schon lange weh; aber es tut nichts, ich muss doch auf den Schnee schauen, weil ich auf den Weg zu achten habe. Fürchte dich nur nicht, ich führe dich doch hinunter ins Gschaid.«

»Ja, Konrad.«

Sie gingen wieder fort; aber wie sie auch gehen mochten, wie sie sich auch wenden mochten, es wollte kein Anfang zum Hinabwärtsgehen kommen. An beiden Seiten waren steile Dachlehnen nach aufwärts, mitten gingen sie fort, aber auch immer aufwärts. Wenn sie den Dachlehnen entrannen und sie nach abwärts beugten, wurde es gleich so steil, dass sie wieder umkehren mussten, die Füßlein stießen oft auf Unebenheiten, und sie mussten häufig Büheln ausweichen.

Sie merkten auch, dass ihr Fuß, wo er tiefer durch den jungen Schnee einsank, nicht erdigen Boden unter sich empfand, sondern etwas anderes, das wie älterer, gefrorner Schnee war; aber sie gingen immer fort und sie liefen mit Hast und Ausdauer. Wenn sie stehen blieben war alles still, unermesslich still; wenn sie gingen, hörten sie das Rascheln ihrer Füße, sonst nichts; denn die Hüllen des Himmels sanken ohne Laut hernieder und so reich, dass man den Schnee hätte wachsen sehen können. Sie selber waren so bedeckt, dass sie sich von dem allgemeinen Weiß nicht hervorhoben und sich, wenn sie um ein paar Schritte getrennt worden wären, nicht mehr gesehen hätten.

Eine Wohltat war es, dass der Schnee so trocken war wie Sand, sodass er von ihren Füßen und den Bundschühlein und Strümpfen daran leicht abglitt und abrieselte, ohne Ballen und Nässe zu machen.

Endlich gelangten sie wieder zu Gegenständen.

Es waren riesenhaft große, sehr durcheinanderliegende Trümmer, die mit Schnee bedeckt waren, der überall in die Klüfte hineinrieselte, und an die sie sich ebenfalls fast anstießen, ehe sie sie sahen. Sie gingen ganz hinzu, die Dinge anzublicken.

Es war Eis – lauter Eis.

Es lagen Platten da, die mit Schnee bedeckt waren, an deren beiden Seitenwänden aber das glatte grünliche Eis sichtbar war; es lagen Hügel da, die wie zusammengeschobener Schaum aussahen, an deren Seiten es aber matt nach einwärts flimmerte und glänzte, als wären Balken und Stangen von Edelsteinen durcheinandergeworfen worden; es lagen ferner gerundete Kugeln da, die ganz mit Schnee umhüllt waren; es standen Platten und andere Körper auch schief und gerade aufwärts, so hoch wie der Kirchturm in Gschaid oder wie Häuser. In einigen waren Höhlen eingefressen, durch die man mit einem Arme durchfahren konnte, mit einem Kopfe, mit einem Körper, mit einem ganzen großen Wagen voll Heu. Alle diese Stücke waren zusammen- oder emporgedrängt und starrten, sodass sie oft Dächer bildeten oder Überhänge, über deren Ränder sich der Schnee herüberlegte und herabgriff wie lange weiße Tatzen. Selbst ein großer, schreckhaft schwarzer Stein, wie ein Haus, lag unter dem Eise und war emporgestellt, dass er auf der Spitze stand, dass kein Schnee an seinen Seiten liegen bleiben konnte. Und nicht dieser Stein allein – noch mehrere und größere staken in dem Eise, die man erst später sah und die wie eine Trümmermauer an ihm hingingen.

»Da muss recht viel Wasser gewesen sein, weil so viel Eis ist«, sagte Sanna.

»Nein, das ist von keinem Wasser«, antwortete der Bruder, »das ist das Eis des Berges, das immer oben ist, weil es so eingerichtet ist.«

»Ja, Konrad«, sagte Sanna.

»Wir sind jetzt bis zu dem Eise gekommen«, sagte der Knabe, »wir sind auf dem Berge, Sanna, weißt du, den man von unserm Garten aus im Sonnenscheine so weiß sieht. Merke gut auf, was ich dir sagen werde. Erinnerst du dich noch, wie wir oft nachmittags in dem Garten saßen, wie es recht schön war, wie die Bienen um uns summten, die Linden dufteten und die Sonne von dem Himmel schien?«

»Ja, Konrad, ich erinnere mich.«

»Da sahen wir auch den Berg. Wir sahen, wie er so blau war, so blau wie das sanfte Firmament, wir sahen den Schnee, der oben ist, wenn auch bei uns Sommer war, eine Hitze herrschte, und die Getreide reif wurden.«

»Ja, Konrad.«

»Und unten, wo der Schnee aufhört, da sieht man allerlei Farben, wenn man genau schaut, grün, blau, weißlich – das ist das Eis, das unten nur so klein ausschaut, weil man sehr weit entfernt ist, und das, wie der Vater sagte, nicht weggeht bis an das Ende der Welt. Und da habe ich oft gesehen, dass unterhalb des Eises die blaue Farbe noch fortgeht; das werden Steine sein, dachte ich, oder es wird Erde und Weidegrund sein, und dann fangen die Wälder an, die gehen herab und immer weiter herab, man sieht auch allerlei Felsen in ihnen, dann folgen die Wiesen, die schon grün sind, und dann die grünen Laubwälder, und dann kommen unsere Wiesen und Felder, die in dem Tale von Gschaid sind. Siehst du nun, Sanna, weil wir jetzt bei dem Eise sind, so werden wir über die blaue Farbe hinabgehen, dann durch die Wälder, in denen die Felsen sind, dann über die Wiesen, und dann durch die grünen Laubwälder, und dann werden wir in dem Tale von Gschaid sein und recht leicht unser Dorf finden.«

»Ja, Konrad«, sagte das Mädchen.

Die Kinder gingen nun in das Eis hinein, wo es zugänglich war.

Sie waren winzig kleine wandelnde Punkte in diesen ungeheuren Stücken.

Wie sie so unter die Überhänge hineinsahen, gleichsam als gäbe ihnen ein Trieb ein, ein Obdach zu suchen, gelangten sie in einen Graben, in einen breiten, tiefgefurchten Graben, der gerade aus dem Eise hervorging. Er sah aus wie das Bett eines Stromes, der aber jetzt ausgetrocknet und überall mit frischem Schnee bedeckt war. Wo er aus dem Eise hervorkam, ging er gerade unter einem Kellergewölbe heraus, das recht schön aus Eis über ihn gespannt war. Die Kinder gingen in dem Graben fort und gingen in das Gewölbe hinein und immer tiefer hinein. Es war ganz trocken, und unter ihren Füßen hatten sie glattes Eis. In der ganzen Höhlung aber war es blau, so blau, wie gar nichts in der Welt ist, viel tiefer und viel schöner blau als das Firmament, gleichsam wie himmelblau gefärbtes Glas, durch welches lichter Schein hineinsinkt. Es waren dickere und dünnere Bogen, es hingen Zacken, Spitzen und Troddeln herab, der Gang wäre noch tiefer zurückgegangen, sie wussten nicht, wie tief, aber sie gingen nicht mehr weiter. Es wäre auch sehr gut in der Höhle gewesen, es war warm, es fiel kein Schnee, aber es war so schreckhaft blau, die Kinder fürchteten sich und gingen wieder hinaus. Sie gingen eine Weile in dem Graben fort und kletterten dann über seinen Rand hinaus.

Sie gingen an dem Eise hin, sofern es möglich war, durch das Getrümmer und zwischen den Platten durchzudringen.

»Wir werden jetzt da noch hinübergehen und dann von dem Eise abwärtslaufen«, sagte Konrad.

»Ja«, sagte Sanna und klammerte sich an ihn an.

Sie schlugen von dem Eise eine Richtung durch den Schnee abwärts ein, die sie in das Tal führen sollte. Aber sie kamen nicht weit hinab. Ein neuer Strom von Eis, gleichsam ein riesenhaft aufgetürmter und aufgewölbter Wall, lag quer durch den weichen Schnee und griff gleichsam mit Armen rechts und links um sie herum. Unter der weißen Decke, die ihn verhüllte, glimmerte es seitwärts grünlich und bläulich und dunkel und schwarz und selbst gelblich und rötlich heraus. Sie konnten es nun auf weitere Strecken sehen, weil das ungeheure und unermüdliche Schneien sich gemildert hatte und nur mehr wie an gewöhnlichen Schneetagen vom Himmel fiel. Mit dem Starkmute der Unwissenheit kletterten sie in das Eis hinein, um den vorgeschobenen Strom desselben zu überschreiten und dann jenseits weiter hinabzukommen. Sie schoben sich in die Zwischenräume hinein, sie setzten den Fuß auf jedes Körperstück, das mit einer weißen Schneehaube versehen war, war es Fels oder Eis, sie nahmen die Hände zu Hilfe, krochen, wo sie nicht gehen konnten, und arbeiteten sich mit ihren leichten Körpern hinauf, bis sie die Seite des Walles überwunden hatten und oben waren.

Jenseits wollten sie wieder hinabklettern.

Aber es gab kein Jenseits.

So weit die Augen der Kinder reichen konnten, war lauter Eis. Es standen Spitzen und Unebenheiten und Schollen empor wie lauter furchtbares, überschneites Eis. Statt ein Wall zu sein, über den man hinübergehen könnte und der dann wieder von Schnee abgelöst würde, wie sie sich unten dachten, stiegen aus der Wölbung neue Wände von Eis empor, geborsten und geklüftet, mit unzähligen blauen, geschlängelten Linien versehen, und hinter ihnen waren wieder solche Wände und hinter diesen wieder solche, bis der Schneefall das Weitere mit seinem Grau verdeckte.

»Sanna, da können wir nicht gehen«, sagte der Knabe.

»Nein«, antwortete die Schwester.

»Da werden wir wieder umkehren und anderswo hinabzukommen suchen.«

»Ja, Konrad.«

Die Kinder suchten nun von dem Eiswalle wieder da hinabzukommen, wo sie hinaufgeklettert waren, aber sie kamen nicht hinab. Es war lauter Eis, als hätten sie die Richtung, in der sie gekommen waren, verfehlt. Sie wandten sich hierhin und dorthin und konnten aus dem Eise nicht herauskommen, als wären sie von ihm umschlungen. Sie kletterten abwärts und kamen wieder in Eis. Endlich, da der Knabe die Richtung immer verfolgte, in der sie nach seiner Meinung gekommen waren, gelangten sie in zerstreutere Trümmer, aber sie waren auch größer und furchtbarer, wie sie gerne am Rande des Eises zu sein pflegen, und die Kinder gelangten kriechend und kletternd hinaus. An dem Eisessaume waren ungeheure Steine, sie waren gehäuft, wie sie die Kinder ihr Leben lang nicht gesehen hatten. Viele waren in Weiß gehüllt, viele zeigten die unteren schiefen Wände sehr glatt und fein geschliffen, als wären sie darauf geschoben worden, viele waren wie Hütten und Dächer gegeneinandergestellt, viele lagen aufeinander wie ungeschlachte Knollen. Nicht weit von dem Standorte der Kinder standen mehrere mit den Köpfen gegeneinandergelehnt, und über sie lagen breite, gelagerte Blöcke wie ein Dach. Es war ein Häuschen, das gebildet war, das gegen vorne offen, rückwärts und an den Seiten aber geschützt war. Im Innern war es trocken, da der steilrechte Schneefall keine einzige Flocke hineingetragen hatte. Die Kinder waren recht froh, dass sie nicht mehr in dem Eise waren und auf ihrer Erde standen.

Aber es war auch endlich finster geworden.

»Sanna«, sagte der Knabe, »wir können nicht mehr hinabgehen, weil es Nacht geworden ist und weil wir fallen oder gar in eine Grube geraten könnten. Wir werden da unter die Steine hineingehen, wo es so trocken und so warm ist, und da werden wir warten. Die Sonne geht bald wieder auf, dann laufen wir hinunter. Weine nicht, ich bitte dich recht schön, weine nicht, ich gebe dir alle Dinge zu essen, welche uns die Großmutter mitgegeben hat.«

Sie weinte auch nicht, sondern, nachdem sie beide unter das steinerne Überdach hineingegangen waren, wo sie nicht nur bequem sitzen, sondern auch stehen und herumgehen konnten, setzte sie sich recht dicht an ihn und war mäuschenstille.

»Die Mutter«, sagte Konrad, »wird nicht böse sein, wir werden ihr von dem vielen Schnee erzählen, der uns aufgehalten hat, und sie wird nichts sagen; der Vater auch nicht. Wenn uns kalt wird – weißt du – dann musst du mit den Händen an deinen Leib schlagen, wie die Holzhauer getan haben, und dann wird dir wärmer werden.«

»Ja, Konrad«, sagte das Mädchen.

Sanna war nicht gar so untröstlich, dass sie heute nicht mehr über den Berg hinabgingen und nach Hause liefen, wie er etwa glauben mochte; denn die unermessliche Anstrengung, von der die Kinder nicht einmal gewusst hatten, wie groß sie gewesen sei, ließ ihnen das Sitzen süß, unsäglich süß erscheinen, und sie gaben sich hin.

Jetzt machte sich aber auch der Hunger geltend. Beide nahmen fast zu gleicher Zeit ihre Brote aus den Taschen und aßen sie. Sie aßen auch die Dinge – kleine Stückchen Kuchen, Mandeln und Nüsse und andere Kleinigkeiten –, die die Großmutter ihnen in die Tasche gesteckt hatte.

»Sanna, jetzt müssen wir aber auch den Schnee von unsern Kleidern tun«, sagte der Knabe, »dass wir nicht nass werden.«

»Ja, Konrad«, erwiderte Sanna.

Die Kinder gingen aus ihrem Häuschen, und zuerst reinigte Konrad das Schwesterlein von Schnee. Er nahm die Kleiderzipfel, schüttelte sie, nahm ihr den Hut ab, den er ihr aufgesetzt hatte, entleerte ihn von Schnee, und was noch zurückgeblieben war, das stäubte er mit einem Tuche ab. Dann entledigte er auch sich, so gut es ging, des auf ihm liegenden Schnees.

Der Schneefall hatte zu dieser Stunde ganz aufgehört. Die Kinder spürten keine Flocke.

Sie gingen wieder in die Steinhütte und setzten sich nieder. Das Aufstehen hatte ihnen ihre Müdigkeit erst recht gezeigt, und sie freuten sich auf das Sitzen. Konrad legte die Tasche aus Kalbfell ab. Er nahm das Tuch heraus, in welches die Großmutter eine Schachtel und mehrere Papierpäckchen gewickelt hatte, und tat es zu größerer Wärme um seine Schultern. Auch die zwei Weißbrote nahm er aus dem Ränzchen und reichte sie beide an Sanna; das Kind aß begierig. Es aß eines der Brote und von dem zweiten auch noch einen Teil. Den Rest reichte es aber Konrad, da es sah, dass er nicht aß. Er nahm es und verzehrte es.

Von da an saßen die Kinder und schauten.

So weit sie in der Dämmerung zu sehen vermochten, lag überall der flimmernde Schnee hinab, dessen einzelne winzige Täfelchen hie und da in der Finsternis seltsam zu funkeln begannen, als hätte er bei Tag das Licht eingesogen und gäbe es jetzt von sich.

Die Nacht brach mit der in großen Höhen gewöhnlichen Schnelligkeit herein. Bald war es ringsherum finster, nur der Schnee fuhr fort, mit seinem bleichen Lichte zu leuchten. Der Schneefall hatte nicht nur aufgehört, sondern der Schleier an dem Himmel fing auch an, sich zu verdünnen und zu verteilen; denn die Kinder sahen ein Sternlein blitzen. Weil der Schnee wirklich gleichsam ein Licht von sich gab und weil von den Wolken kein Schleier mehr herabhing, so konnten die Kinder von ihrer Höhle aus die Schneehügel sehen, wie sie sich in Linien von dem dunkeln Himmel abschnitten. Weil es in der Höhle viel wärmer war, als es an jedem andern Platze im ganzen Tage gewesen war, so ruhten die Kinder eng aneinandersitzend und vergaßen sogar, die Finsternis zu fürchten. Bald vermehrten sich auch die Sterne, jetzt kam hier einer zum Vorscheine, jetzt dort, bis es schien, als wäre am ganzen Himmel keine Wolke mehr.

Das war der Zeitpunkt, in welchem man in den Tälern die Lichter anzuzünden pflegt. Zuerst wird eines angezündet und auf den Tisch gestellt, um die Stube zu erleuchten, oder es brennt auch nur ein Span, oder es brennt das Feuer auf der Leuchte, und es erhellen sich alle Fenster von bewohnten Stuben und glänzen in die Schneenacht hinaus; – aber heute erst – am heiligen Abende – da wurden viel mehr angezündet, um die Gaben zu beleuchten, welche für die

Kinder auf den Tischen lagen oder an den Bäumen hingen, es wurden wohl unzählige angezündet; denn beinahe in jedem Hause, in jeder Hütte, jedem Zimmer war eines oder mehrere Kinder, denen der heilige Christ etwas gebracht hatte und wozu man Lichter stellen musste. Der Knabe hatte geglaubt, dass man sehr bald von dem Berge hinabkommen könne, und doch, von den vielen Lichtern, die heute in dem Tale brannten, kam nicht ein einziges zu ihnen herauf; sie sahen nichts als den blassen Schnee und den dunkeln Himmel, alles andere war ihnen in die unsichtbare Ferne hinabgerückt. In allen Tälern bekamen die Kinder in dieser Stunde die Geschenke des heiligen Christ: nur die zwei saßen oben am Rande des Eises, und die vorzüglichsten Geschenke, die sie heute hätten bekommen sollen, lagen in versiegelten Päckchen in der Kalbfelltasche im Hintergrunde der Höhle.

Die Schneewolken waren ringsum hinter die Berge hinabgesunken, und ein ganz dunkelblaues, fast schwarzes Gewölbe spannte sich um die Kinder voll von dichten, brennenden Sternen, und mitten durch diese Sterne war ein schimmerndes, breites, milchiges Band gewoben, das sie wohl auch unten im Tale, aber nie so deutlich gesehen hatten. Die Nacht rückte vor. Die Kinder wussten nicht, dass die Sterne gegen Westen rücken und weiterwandeln, sonst hätten sie an ihrem Vorschreiten den Stand der Nacht erkennen können; aber es kamen neue und gingen die alten, sie aber glaubten, es seien immer dieselben. Es wurde von dem Scheine der Sterne auch lichter um die Kinder; aber sie sahen kein Tal, keine Gegend, sondern überall nur Weiß – lauter Weiß. Bloß ein dunkles Horn, ein dunkles Haupt, ein dunkler Arm wurde sichtbar und ragte dort und hier aus dem Schimmer empor. Der Mond war nirgends am Himmel zu erblicken, vielleicht war er schon früh mit der Sonne untergegangen oder er ist noch nicht erschienen.

Als eine lange Zeit vergangen war, sagte der Knabe: »Sanna, du musst nicht schlafen; denn weißt du, wie der Vater gesagt hat, wenn man im Gebirge schläft, muss man erfrieren, so wie der alte Eschenjäger auch geschlafen hat und vier Monate tot auf dem Steine gesessen ist, ohne dass jemand gewusst hatte, wo er sei.«

»Nein, ich werde nicht schlafen«, sagte das Mädchen matt.

Konrad hatte es an dem Zipfel des Kleides geschüttelt, um es zu jenen Worten zu erwecken.

Nun war es wieder stille.

[...]

In der ungeheueren Stille, die herrschte, in der Stille, in der sich kein Schneespitzchen zu rühren schien, hörten die Kinder dreimal das Krachen des Eises. Was das Starrste scheint und doch das Regsamste und Lebendigste ist, der Gletscher, hatte die Töne hervorgebracht. Dreimal hörten sie hinter sich den Schall, der entsetzlich war, als ob die Erde entzweigesprungen wäre, der sich nach allen Richtungen im Eise verbreitete und gleichsam durch alle Äderchen des Eises lief. Die Kinder blieben mit offenen Augen sitzen und schauten in die Sterne hinaus.

Auch für die Augen begann sich etwas zu entwickeln. Wie die Kinder so saßen, erblühte am Himmel vor ihnen ein bleiches Licht mitten unter den Sternen und spannte einen schwachen Bogen durch dieselben. Es hatte einen grünlichen Schimmer, der sich sachte nach unten zog. Aber der Bogen wurde immer heller und heller, bis sich die Sterne vor ihm zurückzogen und erblassten. Auch in andere Gegenden des Himmels sandte er einen Schein, der schimmergrün sachte und lebendig unter die Sterne floss. Dann standen Garben verschiedenen Lichtes auf der Höhe des Bogens, wie Zacken einer Krone, und brannten. Es floss hell durch die benachbarten Himmelsgegenden, es sprühte leise und ging in sanftem Zucken durch lange Räume. Hatte sich nun der Gewitterstoff des Himmels durch den unerhörten Schneefall so gespannt, dass er in diesen stummen, herrlichen Strömen des Lichtes ausfloss, oder war es eine andere Ursache der unergründlichen Natur: Nach und nach wurde er schwächer und immer schwächer, die Garben erloschen zuerst, bis es allmählich und unmerklich immer geringer wurde, und wieder nichts am Himmel war als die tausend und tausend einfachen Sterne.

Die Kinder sagten keines zu dem andern ein Wort, sie blieben fort und fort sitzen und schauten mit offenen Augen in den Himmel.

Es geschah nun nichts Besonderes mehr. Die Sterne glänzten, funkelten und zitterten, nur manche schießende Schnuppe fuhr durch sie.

Endlich, nachdem die Sterne lange allein geschienen hatten, und nie ein Stückchen Mond an dem Himmel zu erblicken gewesen war, geschah etwas anderes. Es fing der Himmel an, heller zu werden, langsam heller, aber doch zu erkennen; es wurde seine Farbe sichtbar, die bleichsten Sterne erloschen, und die anderen standen nicht mehr so dicht. Endlich wichen auch die stärkeren, und der Schnee vor den Höhen wurde deutlicher sichtbar. Zuletzt färbte sich eine Himmelsgegend gelb, und ein Wolkenstreifen, der in derselben war, wurde zu einem leuchtenden Faden entzündet. Alle Dinge waren klar zu sehen, und die entfernten Schneehügel zeichneten sich scharf in die Luft.

»Sanna, der Tag bricht an«, sagte der Knabe.

»Ja, Konrad«, antwortete das Mädchen.

»Wenn es nur noch ein bisschen heller wird, dann gehen wir aus der Höhle und laufen über den Berg hinunter.«

Es wurde heller, an dem ganzen Himmel war kein Stern mehr sichtbar, und alle Gegenstände standen in der Morgendämmerung da.

»Nun, jetzt gehen wir«, sagte der Knabe.

»Ja, wir gehen«, antwortete Sanna.

Die Kinder standen auf und versuchten ihre erst heute recht müden Glieder. Obwohl sie nichts geschlafen hatten, waren sie doch durch den Morgen gestärkt, wie das immer so ist. Der Knabe hing sich das Kalbfellränzchen um und machte das Pelzjäckchen an Sanna fester zu. Dann führte er sie aus der Höhle.

Weil sie nach ihrer Meinung nur über den Berg hinabzulaufen hatten, dachten sie an kein Essen und untersuchten das Ränzchen nicht, ob noch Weißbrote oder andere Esswaren darinnen seien.

Von dem Berge wollte nun Konrad, weil der Himmel ganz heiter war, in die Täler hinabschauen, um das Gschaider Tal zu erkennen und in dasselbe hinunterzugehen. Aber er sah gar keine Täler. Es war nicht, als ob sie sich auf einem Berge befänden, von dem man hinabsieht, sondern in einer fremden, seltsamen Gegend, in der lauter unbekannte Gegenstände sind. Sie sahen heute auch in größerer Entfernung furchtbare Felsen aus dem Schnee emporstehen, die sie gestern nicht gesehen hatten, sie sahen das Eis, sie sahen Hügel und Schneelehnen emporstarren, und hinter diesen war entweder der Himmel oder es ragte die blaue Spitze eines sehr fernen Berges am Schneerande hervor.

In diesem Augenblicke ging die Sonne auf.

Eine riesengroße, blutrote Scheibe erhob sich an dem Schneesaume in den Himmel, und in dem Augenblicke errötete der Schnee um die Kinder, als wäre er mit Millionen Rosen überstreut worden. Die Kuppen und die Hörner warfen sehr lange grünliche Schatten längs des Schnees.

»Sanna, wir werden jetzt da weiter vorwärtsgehen, bis wir an den Rand des Berges kommen und hinuntersehen«, sagte der Knabe.

Sie gingen nun in den Schnee hinaus. Er war in der heiteren Nacht noch trockener geworden und wich den Tritten noch besser aus. Sie wateten rüstig fort. Ihre Glieder wurden sogar geschmeidiger und stärker, da sie gingen. Allein, sie kamen an keinen Rand und sahen nicht hinunter. Schneefeld entwickelte sich aus Schneefeld, und am Saume eines jeden stand alle Male wieder der Himmel.

Sie gingen desungeachtet fort.

Da kamen sie wieder in das Eis. Sie wussten nicht, wie das Eis dahergekommen sei, aber unter den Füßen empfanden sie den glatten Boden, und waren gleich nicht die fürchterlichen Trümmer, wie an jenem Rande, an dem sie die Nacht zugebracht hatten, so sahen sie doch, dass sie auf glattem Eise fortgingen, sie sahen hie und da Stücke, die immer mehr wurden, die sich näher an sie drängten und die sie wieder zu klettern zwangen.

Aber sie verfolgten doch ihre Richtung.

Sie kletterten neuerdings an Blöcken empor. Da standen sie wieder auf dem Eisfelde. Heute bei der hellen Sonne konnten sie erst erblicken, was es ist. Es war ungeheuer groß, und jenseits standen wieder schwarze Felsen empor, es ragte gleichsam Welle hinter Welle auf, das beschneite Eis war gedrängt, gequollen, emporgehoben, gleichsam als schöbe es sich nach vorwärts und flösse gegen die Brust der Kinder heran. In dem Weiß sahen sie unzählige vorwärtsgehende, geschlängelte blaue Linien. Zwischen jenen Stellen, wo die Eiskörper gleichsam wie aneinandergeschmettert starrten, gingen auch Linien wie Wege, aber sie waren weiß und waren Streifen, wo sich fester Eisboden vorfand oder die Stücke doch gar nicht so sehr verschoben waren. In diese Pfade gingen die Kinder hinein, weil sie doch einen Teil des Eises überschreiten wollten, um an den Bergrand zu gelangen und endlich einmal hinunterzusehen. Sie sagten kein Wörtlein. Das Mädchen folgte dem Knaben. Aber es war auch heute wieder Eis, lauter Eis. Wo sie hinübergelangen wollten, wurde es gleichsam immer breiter und breiter. Da schlugen sie ihre Richtung aufgebend, den Rückweg ein. Wo sie nicht gehen konnten, griffen sie sich durch die Mengen des Schnees hindurch, der oft dicht vor ihrem Auge wegbrach und den sehr blauen Streifen einer Eisspalte zeigte, wo doch früher alles weiß gewesen war; aber sie kümmerten sich nicht darum, sie arbeiteten sich fort, bis sie wieder irgendwo aus dem Eise herauskamen.

»Sanna«, sagte der Knabe, »wir werden gar nicht mehr in das Eis hineingehen, weil wir in demselben nicht fortkommen. Und weil wir schon in unser Tal gar nicht hinabsehen können, so werden wir gerade über den Berg hinabgehen. Wir müssen in ein Tal kommen, dort werden wir den Leuten sagen, dass wir aus Gschaid sind, die werden uns einen Wegweiser nach Hause mitgeben.«

»Ja, Konrad«, sagte das Mädchen.

So begannen sie nun in dem Schnee nach jener Richtung abwärts zu gehen, welche sich ihnen eben darbot. Der Knabe führte das Mädchen an der Hand. Allein, nachdem sie eine Weile abwärts gegangen waren, hörte in dieser Richtung das Gehänge auf, und der Schnee stieg wieder empor. Also änderten die Kinder die Richtung und gingen nach der Länge einer Mulde hinab. Aber da fanden sie wieder Eis. Sie stiegen also an der Seite der Mulde empor, um nach einer andern Richtung ein Abwärts zu suchen. Es führte sie eine Fläche hinab, allein die wurde nach und nach so steil, dass sie kaum noch einen Fuß einsetzen konnten und abwärts zu gleiten fürchteten. Sie klommen also wieder empor, um wieder einen andern Weg nach abwärts zu suchen. Nachdem sie lange im Schnee emporgeklommen und dann auf einem ebenen Rücken fortgelaufen waren, war es wie früher: Entweder ging der Schnee so steil ab, dass sie gestürzt wären, oder er stieg wieder hinan, dass sie auf den Berggipfel zu kommen fürchteten. Und so ging es immer fort.

73

Da wollten sie die Richtung suchen, in der sie gekommen waren, und zur roten Unglückssäule hinabgehen. Weil es nicht schneit und der Himmel so hell ist, so würden sie, dachte der Knabe, die Stelle schon erkennen, wo die Säule sein solle, und würden von dort nach Gschaid hinabgehen können.

Der Knabe sagte diesen Gedanken dem Schwesterchen, und diese folgte.

Allein auch der Weg auf den Hals hinab war nicht zu finden.

So klar die Sonne schien, so schön die Schneehöhen dastanden und die Schneefelder dalagen, so konnten sie doch die Gegenden nicht erkennen, durch die sie gestern heraufgegangen waren. Gestern war alles durch den fürchterlichen Schneefall verhängt gewesen, dass sie kaum einige Schritte von sich gesehen hatten, und da war alles ein einziges Weiß und Grau durcheinander gewesen. Nur die Felsen hatten sie gesehen, an denen und zwischen denen sie gegangen waren: allein auch heute hatten sie bereits viele Felsen gesehen, die alle den nämlichen Anschein gehabt hatten wie die gestern gesehenen. Heute ließen sie frische Spuren in dem Schnee zurück; aber gestern sind alle Spuren von dem fallenden Schnee verdeckt worden. Auch aus dem bloßen Anblick konnten sie nicht erraten, welche Gegend auf den Hals führe, da alle Gegenden gleich waren. Schnee, lauter Schnee. Sie gingen aber doch immerfort und meinten, es zu erringen. Sie wichen den steilen Abstürzen aus und kletterten keine steilen Anhöhen hinauf.

Auch heute blieben sie öfter stehen, um zu horchen; aber sie vernahmen auch heute nichts, nicht den geringsten Laut. Zu sehen war auch nichts als der Schnee, der helle, weiße Schnee, aus dem hie und da die schwarzen Hörner und die schwarzen Steinrippen emporstanden.

Endlich war es dem Knaben, als sähe er auf einem fernen schiefen Schneefelde ein hüpfendes Feuer. Es tauchte auf, es tauchte nieder. Jetzt sahen sie es, jetzt sahen sie es nicht. Sie blieben stehen und blickten unverwandt auf jene Gegend hin. Das Feuer hüpfte immerfort, und es schien, als ob es näherkäme; denn sie sahen es größer und sahen das Hüpfen deutlicher. Es verschwand nicht mehr so oft und nicht mehr auf so lange Zeit wie früher. Nach einer Weile vernahmen sie in der stillen blauen Luft schwach, sehr schwach etwas wie einen lange anhaltenden Ton aus einem Hirtenhorne. Wie aus Instinkt schrien beide Kinder laut. Nach einer Zeit hörten sie den Ton wieder. Sie schrien wieder und blieben auf der nämlichen Stelle stehen. Das Feuer näherte sich auch. Der Ton wurde zum dritten Male vernommen, und dieses Mal deutlicher. Die Kinder antworteten wieder durch lautes Schreien. Nach einer geraumen Weile erkannten sie auch das Feuer. Es war kein Feuer, es war eine rote Fahne, die geschwungen wurde. Zugleich ertönte das Hirtenhorn näher, und die Kinder antworteten.

»Sanna«, rief der Knabe, »da kommen Leute aus Gschaid, ich kenne die Fahne, es ist die rote Fahne, welche der fremde Herr, der mit dem jungen Eschenjäger den Gars bestiegen hatte, auf dem Gipfel aufpflanzte, dass sie der Herr Pfarrer mit dem Fernrohre sähe, was als Zeichen gälte, dass sie oben seien, und welche Fahne damals der fremde Herr dem Herrn Pfarrer geschenkt hat. Du warst noch ein recht kleines Kind.«

»Ja, Konrad.«

Nach einer Zeit sahen die Kinder auch die Menschen, die bei der Fahne waren, kleine schwarze Stellen, die sich zu bewegen schienen. Der Ruf des Hornes wiederholte sich von Zeit zu Zeit und kam immer näher. Die Kinder antworteten jedes Mal.

Endlich sahen sie über den Schneeabhang gegen sich her mehrere Männer mit ihren Stöcken herabfahren, die die Fahne in ihrer Mitte hatten. Da sie näherkamen, erkannten sie dieselben. Es war der Hirt Philipp mit dem Horne, seine zwei Söhne, dann der junge Eschenjäger und mehrere Bewohner von Gschaid.

»Gebenedeiet sei Gott«, schrie Philipp, »da seid ihr ja. Der ganze Berg ist voll Leute. Laufe doch einer gleich in die Sideralpe hinab und läute die Glocke, dass die dort hören, dass wir sie gefunden haben, und einer muss auf den Krebsstein gehen und die Fahne dort aufpflanzen, dass sie dieselbe in dem Tale sehen und die Böller abschießen, damit die es wissen, die im Millsdorfer Walde suchen, und damit sie in Gschaid die Rauchfeuer anzünden, die in der Luft gesehen werden, und alle, die noch auf dem Berge sind, in die Sideralpe hinabbedeuten. Das sind Weihnachten!«

»Ich laufe in die Alpe hinab«, sagte einer.

»Ich trage die Fahne auf den Krebsstein«, sagte ein anderer.

»Und wir werden die Kinder in die Sideralpe hinabbringen, so gut wir es vermögen, und so gut uns Gott helfe«, sagte Philipp.

Ein Sohn Philipps schlug den Weg nach abwärts ein, und der andere ging mit der Fahne durch den Schnee dahin.

Der Eschenjäger nahm das Mädchen bei der Hand, der Hirt Philipp den Knaben. Die andern halfen, wie sie konnten. So begann man den Weg. Er ging in Windungen. Bald gingen sie nach einer Richtung, bald schlugen sie die entgegengesetzte ein, bald gingen sie abwärts, bald aufwärts. Immer ging es durch Schnee, immer durch Schnee, und die Gegend blieb sich beständig gleich. Über sehr schiefe Flächen taten sie Steigeisen an die Füße und trugen die Kinder. Endlich nach langer Zeit hörten sie ein Glöckchen, das sanft und fein zu ihnen heraufkam und das erste Zeichen war, das ihnen die niederen Gegenden wieder zusandten. Sie mussten wirklich sehr tief herabgekommen sein; denn sie sahen ein Schneehaupt recht hoch und recht blau über sich ragen. Das Glöcklein aber, das sie hörten, war das der Sideralpe, das geläutet wurde, weil dort die Zusammenkunft verabredet war. Da sie noch weiterkamen, hörten sie auch schwach in die stille Luft die Böllerschüsse herauf, die infolge der ausgesteckten Fahne abgefeuert wurden, und sahen dann in die Luft feine Rauchsäulen aufsteigen.

Da sie nach einer Weile über eine sanfte, schiefe Fläche abgingen, erblickten sie die Sideralphhütte. Sie gingen auf sie zu. In der Hütte brannte ein Feuer, die Mutter der Kinder war da, und mit einem furchtbaren Schrei sank sie in den Schnee zurück, als sie die Kinder mit dem Eschenjäger kommen sah.

Dann lief sie herzu, betrachtete sie überall, wollte ihnen zu essen geben, wollte sie wärmen, wollte sie in vorhandenes Heu legen; aber bald überzeugte sie sich, dass die Kinder durch die Freude stärker seien, als sie gedacht hatte, dass sie nur einiger warmer Speise bedurften, die sie bekamen, und dass sie nur ein wenig ausruhen mussten, was ihnen ebenfalls zuteilwerden sollte.

Da nach einer Zeit der Ruhe wieder eine Gruppe Männer über die Schneefläche herabkam, während das Hüttenglöcklein immer fortläutete, liefen die Kinder selber mit den andern hinaus, um zu sehen, wer es sei. Der Schuster war es, der einstige Alpensteiger, mit Alpenstock und Steigeisen, begleitet von seinen Freunden und Kameraden.

»Sebastian, da sind sie«, schrie das Weib.

Er aber war stumm, zitterte und lief auf sie zu. Dann rührte er die Lippen, als wollte er etwas sagen, sagte aber nichts, riss die Kinder an sich und hielt sie lange. Dann wandte er sich gegen sein Weib, schloss es an sich und rief: »Sanna, Sanna!«

Nach einer Weile nahm er den Hut, der ihm in den Schnee gefallen war, auf, trat unter die Männer und wollte reden. Er sagte aber nur: »Nachbarn, Freunde, ich danke euch.«

Da man noch gewartet hatte, bis die Kinder sich zur Beruhigung erholt hatten, sagte er: »Wenn wir alle beisammen sind, so können wir in Gottes Namen aufbrechen.«

»Es sind wohl noch nicht alle«, sagte der Hirt Philipp, »aber die noch abgehen, wissen aus dem Rauche, dass wir die Kinder haben, und sie werden schon nach Hause gehen, wenn sie die Alphütte leer finden.«

Man machte sich zum Aufbruch bereit.

Man war von der Sideralphütte gar nicht weit von Gschaid entfernt, aus dessen Fenstern man im Sommer recht gut die grüne Matte sehen konnte, auf der die graue Hütte mit dem kleinen Glockentürmlein stand; aber es war unterhalb eine fallrechte Wand, die viele Klafter hoch hinabging und auf der man im Sommer nur mit Steigeisen, im Winter gar nicht hinabkommen konnte. Man musste daher den Umweg zum Halse machen, um von der Unglückssäule aus nach Gschaid hinabzukommen. Auf dem Wege gelangte man über die Siderwiese, die noch näher an Gschaid ist, so dass man die Fenster des Dörfleins zu erblicken meinte.

Als man über diese Wiese ging, tönte hell und deutlich das Glöcklein der Gschaider Kirche herauf, die Wandlung des heiligen Hochamtes verkündend.

Der Pfarrer hatte wegen der allgemeinen Bewegung, die am Morgen in Gschaid war, die Abhaltung des Hochamtes verschoben, da er dachte, dass die Kinder zum Vorschein kommen würden. Allein endlich, da noch immer keine Nachricht eintraf, musste die heilige Handlung doch vollzogen werden.

Als das Wandlungsglöcklein tönte, sanken alle, die über die Siderwiese gingen, auf die Knie in den Schnee und beteten. Als der Klang des Glöckleins aus war, standen sie auf und gingen weiter.

Der Schuster trug meistens das Mädchen und ließ sich von ihm alles erzählen.

[...]

Die andern folgten und kamen am Nachmittage in Gschaid an.

Die, welche noch auf dem Berge gewesen waren und erst durch den Rauch das Rückzugszeichen erfahren hatten, fanden sich auch nach und nach ein. Der letzte, welcher erst am Abende kam, war der Sohn des Hirten Philipp, der die rote Fahne auf den Krebsstein getragen und sie dort aufgepflanzt hatte.

In Gschaid wartete die Großmutter, welche herübergefahren war.

»Nie, nie«, rief sie aus, »dürfen die Kinder in ihrem ganzen Leben mehr im Winter über den Hals gehen.«

Die Kinder waren von dem Getriebe betäubt. Sie hatten noch etwas zu essen bekommen, und man hatte sie in das Bett gebracht. Spät gegen Abend, da sie sich ein wenig erholt hatten, da einige Nachbarn und Freunde sich in der Stube eingefunden hatten und dort von dem Ereignisse redeten, die Mutter aber in der Kammer an dem Bettchen Sannas saß und sie streichelte, sagte das Mädchen: »Mutter, ich habe heut nachts, als wir auf dem Berge saßen, den heiligen Christ gesehen.«

»O, du mein geduldiges, du mein liebes, du mein herziges Kind«, antwortete die Mutter, »er hat dir auch Gaben gesendet, die du bald bekommen wirst.«

Die Schachteln waren ausgepackt worden, die Lichter waren angezündet, die Tür in die Stube wurde geöffnet, und die Kinder sahen von dem Bette auf den verspäteten hell leuchtenden freundlichen Christbaum hinaus. Trotz der Erschöpfung musste man sie noch ein wenig ankleiden, dass sie hinausgingen, die Gaben empfingen, bewunderten und endlich mit ihnen entschliefen.

In dem Wirtshause in Gschaid war es an diesem Abend lebhafter als je. Alle, die nicht in der Kirche gewesen waren, waren jetzt dort, und die andern auch. Jeder erzählte, was er gesehen und gehört, was er getan, was er geraten und was für Begegnisse und

Gefahren er erlebt hatte. Besonders aber wurde hervorgehoben, wie man alles hätte anders und besser machen können.

Das Ereignis hatte einen Abschnitt in die Geschichte von Gschaid gebracht, es hat auf lange den Stoff zu Gesprächen gegeben, und man wird noch nach Jahren davon reden, wenn man den Berg an heitern Tagen besonders deutlich sieht oder wenn man den Fremden von seinen Merkwürdigkeiten erzählt.

Die Kinder waren von dem Tage an erst recht das Eigentum des Dorfes geworden, sie wurden von nun an nicht mehr als Auswärtige, sondern als Eingeborene betrachtet, die man sich von dem Berge herabgeholt hatte.

Auch ihre Mutter Sanna war nun eine Eingeborene von Gschaid.

Die Kinder aber werden den Berg nicht vergessen und werden ihn jetzt noch ernster betrachten, wenn sie in dem Garten sind, wenn wie in der Vergangenheit die Sonne sehr schön scheint, der Lindenbaum duftet, die Bienen summen und er so schön und so blau wie das sanfte Firmament auf sie herniederschaut.

Jeremias Gotthelf

aus: **J**ACOBS, DES **H**ANDWERKSGESELLEN,
WANDERUNGEN DURCH DIE **S**CHWEIZ (1846–47)

Jacob entschloss sich, weiter noch zu gehen, einen Gletscher wollte
er sehen, damit er doch auch sagen könnte, was das für ein Ding
sei, und einen Wasserfall wollte er hören rauschen und donnern.
Wenn er mal heimkäme, dachte er, so müsste er sich ja schämen,
wenn er sagen müsste, er hätte Geld gehabt, er hätte Zeit gehabt,
sei aber zu dumm gewesen und hätte nicht daran gedacht. Aber als
er hinaufkam, wo die Berge sich zusammenziehen, die Zwei-
lütschene fast die ganze Spalte füllt, eng der Weg sich ihr an-
schmiegt, Horn um Horn gen Himmel ragt, über sich der Wanderer
den Himmel kaum noch sieht, da ward es ihm bang ums Herz, mit
Beben schritt er vorwärts. Du mein Gott, dachte er, was ist das für
eine schreckliche Welt, wo der Mensch den Himmel nicht mehr
sieht, nichts sieht als gen Himmel starrende Hörner, als Felsen,
welche hereinhängen über sein Haupt. Ja wo der Mensch den Himmel nicht mehr sieht über sich, weit, offen, frei, da wird es ihm eng
ums Herz, und er fragt sich: wäre umkehren nicht besser, wärs
nicht schöner unterm weiten, offenen Himmel als in der engen
Spalte, unter den Füßen den Abgrund, über dem Haupte lockere
Felsen? Doch Jacob kehrte nicht um, aber als so gar nichts kam er
sich vor. Er, der große Jacob, schien sich in dieser Bergmajestät
kleiner als der kleinste Wurm, den je sein Fuß zertrat. Demütig
schritt er leise weiter, suchte sich zu fassen, sich zu ergeben in jedes Mögliche. Gar seltsam rauscht, toset, donnert es im Gebirge.

Wenn eine Tanne fällt, ein Stein rollt über eine Wand herab, eine Welle über einen Absatz springt, der Gletscher spaltet, Adler oder Geier durch die Lüfte rauschen, so tönt es wundersam im Gebirge, kracht und donnert, rauscht und braust, und jede Wand und jede Kluft rauscht und braust mit. Jede Wand und jede Kluft hat ihre eigene Stimme, und erhebt eine Kluft ihre Stimme, reden alle Wände und alle Klüfte und donnern und brausen, wie die erste den Ton angab, bald in regelrechter Ordnung eine nach der andern, wie seit tausend Jahren sie sichs gewöhnt, und bald, wenn es wilder wird in der Natur, brüllen alle durcheinander, dass kein Berg, keine Kluft mehr zu unterscheiden imstande ist den Donner der eigenen Stimme vor dem Donner der andern Stimmen. Und wenn im Wirrwarr der Donner die tausendjährigen Berge die eigene Stimme nicht mehr kennen, wenn die alten Klüfte zittern und beben, wie muss es zumute sein einem armen Menschenkinde, welches zum ersten Male allein sich wagt in die wunderbare Zauberwelt! Das Menschenkind weiß von Lawinen, Bergstürzen, Schlünden und Gründen, Gletscherfalten und Wassergraus, von Adlern und Geiern, hat vielleicht gar vom fabelhaften Lindwurm gehört, der auf Felsenplatten an der Sonne liegt, seine Höhlen hat und seine Launen und wie Reisende verschwinden und nie wiedergefunden werden, nie ermittelt, ob eine Gletscherspalte sie verschlungen oder ein Lindwurm sie in seine Höhle geschleppt, und nun beginnt es zu rauschen in den Lüften, zu brausen in den Klüften, es kracht hier, es donnert dort und weiter und weiter in immer verstärkten Schlägen, und dann wird es still; es hört den Atem, des Herzens Schlag, und das arme Menschenkind weiß nicht, was donnert, was kracht, warum es stille wird, weiß nicht, woher die Töne kommen, was sie wollen, was sie bringen, warum es auf einmal so stille wird, und hinauf zum Himmel sieht es nicht, über seinem Haupte beugen sich die Felsen zusammen, Dämmerung umdüstert den Weg; –

ja, da wird er klein, der arme Mensch, da empfindet er, dass Mächte ihn umringen, deren jede sein Leben hundertmal in ihrer Gewalt hat, dass sein einziger Trost der sei, dass eine väterliche Hand alle diese Mächte an Ketten gelegt, keine dieser Mächte einen Stein kann rollen lassen ohne des Vaters Willen, der auch dem rollenden Steine die Richtung gibt. Aber wer an den Vater nicht glaubt, welchem das Rollen des Steins ein Zufall ist, die blinden Kräfte der Natur souverän und selbstherrlich, dem muss es eng werden ums Herz, wenn er zwischen den Felsen schreitet, umrauscht von wundersamen Tönen, in der Gewalt blinder Mächte, die so launenhaft und so zornig werden. Wer in munterer Gesellschaft die Gebirgswelt durchstreift, der empfindet derselben erschütternde Majestät nicht, das schauerliche Grauen nicht, welches dem ähnlich sein muss, welches der Sterbliche empfindet, wenn er klopft an die Pforten der Ewigkeit, wenn ihre Tore zu knarren beginnen in ihren Angeln. Jacob war kein Engländer, er nahm keinen Führer, zudem kann man sich auf Straßen, welche in den Ritzen der Berge laufen, nicht wohl verirren, da kreuzen sich die Straßen nicht wie im ebenen Lande oder die Pfade auf den hohen Bergweiden. Er machte einsam den Gang und an eine väterliche Hand, welche jede Gewalt regiere, glaubte er nicht, dachte nicht daran, aber er bebte und zagte und fast hätte er gesagt: Was ist der Mensch, dass du seiner gedenkest, und das Menschenkind, dass du dich seiner annimmst! Und wenn man dann so eng hat ums Herz, als ob es wirklich eingeklemmt wäre in eine Spalte, und die Spalte klemmte immer enger zusammen, dann wird es wieder weiter, allmählich in den einen Tälern, plötzlich in den andern, und vor dem Wanderer liegt sanft und freundlich ein wunderlieblich grünes Tal, in weitem Bogen von Bergesmajestät umrandet, während helle Bäche freundlich sprudeln und im Hintergrunde ein Kirchlein steht, ein alter Zeuge von der Güte des Herrn, welche das Tal behütet und von der Dankbarkeit der Menschen, welche es erkennen, dass er es sei, der sie behüte und wahre inmitten der Naturgewalten. Wo so ein Kirchlein steht, da wird es traulich dem müden Wanderer ums Herz, er weiß, dort findet er Ruhe für seine matten Glieder, Herberge für die Nacht. An einem Reiseabend hat der Wanderer ein ähnliches Empfinden wie der Greis am Lebensabend, auch der Greis sieht nach dem Kirchlein hin und freut sich, denn er weiß, dort wird der müde Leib Ruhe finden, ein Kämmerlein für die Nacht, die dem goldenen Morgen vorangeht, welcher die Herrlichkeit Gottes vor das Auge der erwachten Seligen bringt.

Jacob konnte gar nicht sagen, wie ihm zumute war, als er aus der wilden Enge hinauskam ins liebliche, freie Tal, über welchem weit der Himmel offenstand und sichtbar war. Es war ihm nicht bloß wie einem, der aus des Lebens Not und Elend zu einem behaglichen Dasein kommt, zu den Bequemlichkeiten des Lebens ohne Kümmernisse ums tägliche Brot, sondern wie einem, der aus finsterm Grabe ans Licht kommt, ja fast wie einem, der wähnte zu fühlen, wie er verschlungen werde von den Wellen des ewigen Nichts und er schlägt die Augen auf in seligen Gefilden.

Jacob hatte eigentlich aus dem Lauterbrunnentale wieder den gleichen Weg zurückkehren wollen, allein er stand davon ab, nachdem er den Staubbach gesehen, wie er flattert von hoher Wand und als Wasserstaub zur Erde kommt, ein lieblich Naturspiel, besonders wenn es dem Sonnenlicht einfällt zu gaukeln mit den Wasserstäubchen, sie zu begießen mit der wunderbarsten Farbenpracht und in beständigem Wechsel dem armen Menschenkinde die Augen zu blenden und ihm zu Gemüte zu führen, was es gaukelnd vollbringt und von was sämtliche Menschenkinder, und wenn sie zusammenspannen alle ihre leiblichen und geistigen Vermögen, nicht den Schatten darzustellen vermögen. Dazu fand er auch Leute aus dem Lande, die nach Grindelwald wollten, vielleicht noch weiter, und da Jacob zu reden wusste und als ein ordentlicher Mann sich darstellte, so redeten sie ihm zu, sie zu begleiten. Da Jacob frei in der Zeit, Geld hatte und ein Handwerksbursche im Berner Oberland so wohlfeil reisen kann als irgendwo in der Welt, wenn er nicht besondere Genüsse will, so schloss sich Jacob ihnen an. Sie stiegen lange im Dunkel, und dunkeln Riesen gleich standen in den Schatten der Nacht die Berge herum oder schienen gelagert am Talrande. Als der Morgen dämmerte in unsicherm Lichte schien es als würde es lebendig im ungeheuren Riesenlager, als erhöben sie sich, rüsteten sich zum Aufbruch. Und wenn sie einmal aufbrechen, die Bergriesen, langsam schreiten das Land hinunter und Berg um Berg erscheint vor den Toren der Städte, wie wird es da den Menschenkindern zumute sein und was werden die Helden des Tages raten, was da zu machen sei in diesem absonderlichen Falle. Wahrscheinlich werden sie Recht sprechen und eine Verwahrung zu Protokoll nehmen – das ist die Spitze juridischer Weisheit, der Höhepunkt im juridischen Verteidigungssystem. Einstweilen aber stehen sie noch fest, diese Riesen Gottes, und wenn alles auf Erden auf so sichern Füßen stände wie sie, es wäre gar manchem leichter ums Herz. Das war ein Berg, an welchem er aufstieg Stunde um Stunde, und doch war es kein so schwer Steigen, ein gemessener Schritt und die leichte Luft halfen bedeutend nach. Als er oben war, da stand vor ihm weiß und gewaltig der mächtigste der Berge; wie der Geist der Welt kam er ihm vor, es war ihm, als wolle derselbe ihn fragen: Du, Jacob, bist du auch hier, willst du nun mein sein?

In tiefem Staunen stand er still, starrte den weißen Geist an, der so gewaltig vor ihm stand, geblendet von dessen schneeigem Gewande zog er seine Augen zurück, wandte sie in des klaren Himmels blaue Tiefe. Da ward es ihnen wieder wohl, am blauen Himmel ging die goldene Sonne auf, blickte mit dem freundlichsten

Lächeln zu Jacob nieder, verklärte mit ihrem Lächeln rundum die Welt, schien ihm zu sagen: Du gutes Menschenkind, betören lass dich nicht, blenden kann jener Geist, aber kalt und schaurig ists in seinen Armen, und wen er erfasst, lässt er nur im Tode los. Sieh nach oben, da ists lieblich und warm, licht und klar, und wer hinaufkommt, der schwimmt selig in den blauen Wellen. So stritten der Berg und die Sonne um Jacob, doch diesmal ohne Lärm, nur durch stilles Locken. Manchmal aber wird der Kampf anders. Da brennt die Sonne mit ihren heißesten Strahlen des Berges Seiten, brennt Löcher in sein Gewand, Lawinen donnern zu Tale, es raucht der Berg, als ob er im Feuer stände. Da wird es ihm Angst, er braut Nebel in seinen Schlünden, jagt sie zur Sonne hinauf, webt einen dichten Schleier um ihr Angesicht, dichter und immer dichter, bis keine Spur von Sonne mehr am Himmel ist. Dann wird es der Sonne Angst, sie brennt den Nebel an, bis Blitz und Donner den Schleier zerreißen, der nass über den Berg niederstürzt, den Berg bis auf die Haut durchnässt, sein weißes Gewand beschmutzt und manch Stück desselben mit sich in die Tiefe reißt. Jetzt war Stillstand zwischen Berg und Sonne, die Nebel waren verschlossen in den Gründen, der Berg glänzte im weißesten Gewande, die Sonne sandte ihre mildesten Strahlen, sie kämpften wohl um den armen Sterblichen, durch Lieblichkeit, Schöne und Majestät suchte jeder Teil den Sieg. Sonne und Jungfrau, denn so heißt der Berg, streiten diesen Streit schon seit Jahrhunderten und keine will die Besiegte sein und keine nimmt an Schönheit ab, was auf der Welt eine rare Sache ist. Jacob war ergriffen von dem Anblick, und wie ihm gestern in den engen Schlünden so eng ward ums Herz, ward es ihm jetzt weit und groß auf der Höhe, von welcher er freilich die meisten Berge nicht übersah, aber doch in eine ungeheure Bergwelt hineinsah, sah, wie stolz und kühn hundert Berge ihre Häupter zum Himmel hoben. Auf solchen Bergen, schien es ihm, müssten die Helden alle gesessen haben, wenn ihnen die großen kühnen Gedanken kamen, Völker zu überwinden, Reiche zu gründen, Revolution zu bringen in die Welt der Geister, den Geist der Welt in Fesseln zu schlagen oder diese Fesseln zu zerschlagen. Auch seine Seele ward gedankenvoll, aber rasch und sonderbar wie Nebel an den Bergen, wenn nach langem Regen die Sonne wieder scheint, glitten sie an seiner Seele vorüber, und seine Begleiter trieben zum Aufbruch, ehe er einen der Gedanken festgestellt und ordentlich betrachtet hatte um und um.

Aber wenn er auch weitermusste, von der Wengernalp herab, blieb er doch in der großen, wunderbaren Welt, wie er sie nie gesehen, nie gedacht hatte. Denn wenn man die Berge von ferne sieht, so hat man doch keinen Begriff von ihrer Majestät in der Nähe, es geht mit ihnen ganz umgekehrt als mit vielen, vielen Leuten, welche das Ansehen in der Nähe gar nicht vertragen mögen. Früh kam er nach Grindelwald, in das sonnenreiche, freundliche Tal, das einem lieblichen Mädchengesichte gleicht, welches, zu den Füßen vorweltlicher Ungeheuer sitzend, uns entgegenlächelt. Dort sah er sich den Gletscher an, aber er war zaghaft geworden in der großen Welt, dem tückischen Eise, den verborgenen Spalten traute er nicht und für die zarten Schönheiten der Gletscherwelt hatte er wenig Sinn, die große, weiße Jungfrau und die goldene Sonne füllten sein Herz. Eigentlich wollte er von hier aus wieder zurück nach Interlaken, aber er ließ sich bereden, mit seinen Begleitern noch einmal über die Berge bis nach Meiringen zu gehen. Zeit hatte er keine zu versäumen, und das war ein ganz anderes Gehen hoch auf den Bergen mit dem freien Blick und weiter Brust als in enger Felsenspalte mit gepresstem Atem und der Angst in der Seele. Zudem hatten sie ihm gesagt, er werde was sehen, von welchem er noch gar keinen Begriff habe. Er brachte einen freundlichen Abend in Grindelwald zu. Das schöne Dorf war in seinen Naturzustand zurückgekehrt.

Wie aus den wilden lappländischen und norwegischen Seen die wilden Gänse und Enten fliegen, wenn sie fühlen, wie eisig das Wasser wird und nicht einfrieren wollen, und Frösche und Kröten in den Schlamm sich bohren oder sich verkriechen in andere Löcher, wo es ihnen wohl ist, und es stille wird am See und feierlich, ohne Gänse und Frösche, ohne Kröten und Enten, so war im lieblichen Grindelwald kein steifbeinichter Engländer mehr und keine Lady, war kein schnatternder Franzose mehr, kein schreibend Federvieh, war kein quakender, hüpfender Kellner mehr, keine giftige Kellnerin. Die einen waren der Sonne nachgezogen, die andern überwinterten in irgendeinem Loche, saugten an den Tatzen und hätten auch gerne geschlafen, wenn sie dabei auch was zu essen gehabt hätten. Es waren freundliche, gute Leute da, treffliche Landesspeise, ein munterer, witziger Geist schwebte über ihnen. Bald wurde gesungen, echt oberländerisch, so weich und sanft, dass alle Saiten anschlugen im Herzen und die Augen voll wurden und die Seele Flügel bekam und ihrem Schatze zuflog, Gott im Himmel oder einer Liebsten auf Erden. Mit dem Singen wechselten Erzählungen aus der andern Welt, von den Geistern der Berge oder aus der Vorwelt von den Tyrannen, welche in den Schlössern gehaust.

Das war ein Abend, wie er ihn lange nicht erlebt hatte, und kostete gar nichts, und gar mancher reiche Herr würde viele Louisdor zahlen, wenn er je zu einem so kurzweiligen Abend kommen könnte, aber es gibt eben Dinge, zu welchen vornehme, reiche Leute mit all ihrem Gelde nicht kommen können und der Arme hat sie umsonst. Der Schlaf war kurz, aber gut, der Morgen schön, der Weg steil, aber prächtig die Welt, welche nach und nach vor Jacobs Augen sich entschleierte. Lawinen sah er keine stürzen, sah keine Gemsen tanzen an den Bergen, aber er sah Gletscher in ihrer Farbenpracht und seltsamen Gezacke, er sah sich umfangen von einer ungeheuren Welt, in welcher das arme Menschenkind unwillkürlich verstummt und demütig wird und nichts empfindet als seine Kleinigkeit. Dieses Gefühl ist aber nicht einmal ein peinliches, wie es wird, wenn man gegenüber einem anderen Menschen sein Nichts empfindet, dieses Gefühl ist ein Vorgeschmack der seligen Schauer, welche einst über den Menschen kommen werden, wenn die Auflösung der Rätsel kommen wird, wenn der Allmächtige sich entschleiert. Man weiß es ohne zu denken, dass man einer Größe gegenüberstehe, zwischen welcher keine Vergleichung ist mit dem eigenen Ich, und wo keine Vergleichung ist, da ist auch kein Neid, sondern nur Ehrfurcht und Andacht und Demut. Ihr Mittagsbrot hatten sie verzehrt und noch war nichts gekommen, welches Jacob als das ganz Besondere erschienen wäre, was man ihm versprochen hatte. Die Tagesreise schien dem Ende nahe und doch konnte er nicht glauben, dass die Leute ihn angelogen, nur um ihn nachzulocken, dazu schienen sie ihm viel zu gutmütig und ehrlich. Schon einige Male war Jacob stillegestanden, hatte um sich und an den Himmel hinaufgesehen und war weitergegangen. Endlich frugen ihn seine Begleiter, was er habe. Da sagte er, es komme zuweilen ein gar seltsam Rauschen und Sausen in sein Ohr, akkurat wie von einem Adler es kommen werde, wenn derselbe auf seine Beute stürze. Da habe er sich umsehen müssen, wo der Adler sei. Denn er begehre keine Luftfahrt und möge nicht in ein Adlernest getragen werden und zum Abendbrote den jungen Adlern dienen. Da wurde er tapfer ausgelacht um seiner Furcht willen. Mit einem Schaf oder Kind flögen die Adler wohl davon, aber ein Kerl wie er, und noch dazu mit einem Felleisen auf dem Rücken, hätte gute Ruhe vor ihnen, es wäre denn, dass ihn die Neugierde plagen und er zu einem Adlerneste emporsteigen würde, wenn Junge darin wären. Da wohl, da könnte er es rauschen hören über seinem Haupte, könnte sich um sein Leben wehren, dass sie ihm nicht den Schädel einhackten oder ihn über den Felsen würfen in einen Abgrund, dessen Grund kein lebendig Auge je gesehen hätte. Aber hier sei er sicher vor ihnen und solle sich nicht säumen mit Gucken nach Adlern.

Da sagte Jacob, ob sie denn das Rauschen und Sausen nicht auch hörten? Sie aber gingen kaltblütig weiter und sagten, das sei immer so hier und gar nichts Neues. Nun meinte Jacob, es werde der Wind sein, der durch irgendeine Felsenspalte sich dränge, doch kam es ihm seltsam vor, dass der Wind irgendwo solchen Lärm machen könne, da man ja hier kein Lüftchen fühle. Indessen dachte er an die Töne vom frühern Tage her, dachte, in solcher Welt sei alles möglich, aber nicht alles erklärlich, und lauschte verwundert auf das immer lauter werdende Tosen, das dem Donnern immer ähnlicher ward, das endlich zum Donner der Fälle des berühmten Reichenbaches ward, über welchem Jacob stand. Da stand Jacob erstaunt, es begann ihm im Kopfe zu wimmeln und zu wirbeln, zu sausen und zu brausen, es war ihm, als werde er selbst zum Bache, müsse seine Wellen stürzen dem Reichenbache nach, müsse sich werfen in ihn hinein, mit ihm toben und donnern die Felsen hinunter, stäubend den Wasserdampf zum Himmel auf, müsse mit ihm hinunter zu Tale in tollem Wettkampf. Es lockte ihn, es zog ihn mit wunderbarer Gewalt, und wer weiß, was geschehen wäre, wenn nicht einer seiner Begleiter die Hand auf seine Schulter gelegt und mit ihm gesprochen hätte. Da verrauschte der Bach in seinem Kopfe, der zauberische Zug zerbrach, die Betäubung schwand, und Jacob gestand, wie es ihm gewesen und wie plötzlich eine Gewalt über ihn gekommen sei, die ihn gezogen nach den schäumenden Wassern, dass es ihm gewesen, er müsse in sie hinein, müsse ihnen nach, drunten sei was, er möchte mit ihnen, vor ihnen unten sein. Ging schon manchem so, sagte sein Begleiter, mehr als einer ward überwältigt, stürzte sich den Wellen nach, und manchem mag es widerfahren sein, aber bekannt ward es nicht. Es hat eine starke

Gewalt, das wilde, wüste Mensch. Mensch hätte er keins gesehen,
sagte Jacob, nichts als Wasser und Wellen, Mensch hätte ihn keins
so wirblicht gemacht und verlockt, dazu sei er zu weit in der Welt
herumgekommen. Glaub's, sagte der andere, und doch war es die
reiche Maid, welche dich lockte, wie sie seit viel hundert Jahren ge-
lockt und locken muss, bis ihr Fluch sich endet, was kaum geschehen wird, denn der ist vernagelt. Da erschrak Jacob, denn was ihm
begegnet war, war zu neu, als dass er hätte lachen können. Aber
sollte ihm was Übernatürliches begegnet sein, da es doch nichts
Übernatürliches gab? Er frug und vernahm. Da oben auf dem Berge habe in der Urzeit eines Kühers Tochter gewohnt, das reichste
Mädchen sei sie gewesen im Gelände und obendrein das schönste,
und stark sei es gewesen, dass im Schwingen es die stärksten Sennen auf den Rücken geschlagen. Aber das alles sei nichts gewesen
gegen dessen Singen, denn gesungen habe die starke Küherin,
dass die Engel im Himmel von ihr hätten lernen können, und zarter und milder als die süße Milch, welche ihre Kühe gaben. Wer
dem Reichtum nichts nachgefragt und der Schönheit nichts, den
hätte sie mit Singen bezwungen, dass er ihr nachgelaufen sei wie
ein jung Zicklein der alten Ziege. Diese schöne Küherin sei inwen-
dig ganz anders gewesen als auswendig, wüst und böse wie der
Teufel sei sie gewesen, und es sei gewesen, als wenn der verfluch-
teste aller Geister in sie gefahren wäre. So manche Burschen als
ihr nachgelaufen, und deren seien die Menge gewesen, man könne
es denken, habe sie unglücklich gemacht, bald so, bald anders und
allemal eine große Herzensfreude gehabt und noch was Verfluch-
tigeres ersinnet und angestellt. Da kriegten die Burschen doch
endlich ihre Liebe satt, denn das Leben ist am Ende auch was,
wenn man es verloren, kriegt man es nicht wieder. Sie mieden alle
Orte, wohin sie kam, denn wenn man sie einmal sah, waren alle
Vorsätze nichts und man musste ihr nachlaufen, bis es mit Laufen

aus war. Man mied sie wie einen bösen Geist, und wo sie hinzukommen pflegte, kam niemand sonst mehr, die alten Schwingplätze wurden verlassen, und wenn sie an einen Markt kam, stob das junge Volk auseinander, als käme ein reißend Tier. Aber sie war im Ersinnen nicht dumm und wusste sich zu rächen, wollt ihr mich nicht sehen, so müsst ihr mich doch hören, dachte sie. Wenn es recht finster war, weder Mond noch Sterne am Himmel, da begann sie zu singen, so lieb und lockend, so schön und ergreiflich, dass die Töne wie Haken in die Herzen der Buben schlugen und sie zogen, sie mochten wollen oder nicht, zur wilden Jungfrau hin. Wie vorsichtig sie auch gingen, je näher sie kamen, desto schneller riss es sie hin und in jähem Falle fanden sie den Tod. Die Böse setzte sich hier, setzte sich dort, wo steile Wände waren, an Abgründe unter vorspringende Felsen, wo, wer sie suchte, in schwarzer Nacht den Tod finden musste. Hier, wo der Reichenbach zu Tale stürzt, hier sang sie, hier, wo man sie hörte im fruchtbaren Meiringerboden und gegenüber auf manchem Hofe, hier fand mancher den Tod, hier ward auch zerschmettert der einzige Sohn einer Witwe. Einen schönern Knaben gab es nicht, er war des Tales Liebling; aber seine Mutter war gefürchtet, sie soll eine Hexe gewesen sein. In der ersten schwarzen Nacht nach ihres Sohnes Tode, als man die Küherin wieder singen hörte, gleichsam der Mutter zu Trotz und Hohn, hörte man weithin über dem Gesang eine zornige Stimme, es war die Stimme der Alten, die verfluchte die Küherin, dass sie zum Gletscherbach verwandelt ward, der alsbald dort oben unter den Gletschern hervorbrach und sich hier, wo sie sang und lockte, hinunterstürzen musste mit wildem Gedonner, dass man es hört im ganzen Tale und jenseits, dass sie hier locken müsse und ziehen den Wanderer in ihre Arme und so lange, bis sie einen hinunterbringe zu Tale gesund und wohlbehalten, dann solle der Gletscherbach wieder zur schönen Küherin werden und glücklich und reich mit dem Geretteten leben. So lockt sie beständig und hat manchen verlockt, aber leben blieb keiner, wer mit Leben spielt, muss Leben missen, und so kosend und tobend wird der Reichenbach noch lange stürzen und brüllen die jähen Felsen hinunter, ehe er wieder zur schönen Jungfrau wird. So erzählte der Mann während sie hinunterstiegen in den schönen Meiringerboden, und als sie von unten den Fall sahen, da hätte Jacob bald Mitleid gekriegt mit der schönen Küherin, denn jetzt sah er, wie hart allerdings der Fluch vernagelt war. Wie wild und kühn auch etwas tobt und schäumt, am Ende wird doch alles zahm in der Welt, denn wer würde im alten Rheine die Jünglinge und die Jungfrauen erkennen, wie sie aus den Felsen brachen und in die Gründe sprudelten. Vier wilde Gesellen, die Bächlein nicht gezählt, brechen ins Meiringertal, vertoben ihre erste Kraft, lernen im Brienzersee Manieren, aber nicht hinlänglich, müssen im Thunersee sich neu mäßigen, bis sie ordentlich unter die Leute dürfen, und vergessen doch noch zuzeiten, was sie gelernt. Der mächtigste der Gesellen ist die Aare, sie verschlingt die andern, die schäumend sich in ihre Arme werfen und in tollem Übermute oft das schöne Tal gefährden.

Hans Christian Andersen

aus: # DIE EISJUNGFRAU (1861)

1. Klein-Rudi

Lasst uns die Schweiz besuchen, lasst uns in dem herrlichen Berg-
lande umsehen, wo die Wälder die steilen Felsenwände hinauf-
wachsen; laßt uns die blendenden Schneegefilde emporsteigen und
wieder in die grünen Wiesen hinabgehen, wo Flüsse und Bäche
dahinbrausen, als befürchteten sie, das Meer nicht früh genug erreichen und verschwinden zu können. Die Sonne brennt in dem
tiefen Tale; sie brennt auch auf die schweren Schneemassen, so
dass sie im Laufe der Jahre zu schimmernden Eisblöcken zusam-
menschmelzen und rollende Lawinen, aufgetürmte Gletscher
werden. Zwei solcher Gletscher liegen in den breiten Felsenklüften
unterhalb des Schreckhorns und des Wetterhorns bei dem kleinen
Bergstädtchen Grindelwald. Sie gehören zu den merkwürdigsten
und ziehen deshalb während der Sommerzeit viele Fremde aus allen Ländern der Welt herbei. Sie kommen über die hohen schneebedeckten Berge; sie kommen aus den tiefen Tälern und müssen
dann stundenlang steigen, und während sie steigen, senkt sich das
Tal tiefer und tiefer, sie sehen tief hinein, als schauten sie aus einem Luftballon. Oben hängen oft die Wolken wie dicke, schwere
Vorhänge um die Berggipfel, während unten im Tale, wo die vielen
braunen hölzernen Häuser verstreut liegen, noch ein Sonnenstrahl
glänzt und ein grünes Plätzchen wie durchsichtig hervortaucht.
Das Wasser braust, rauscht und gießt herab; das Wasser rieselt und

plätschert hernieder; es sieht aus, als ob silberne Bänder von den Felsen hinabflatterten.

[...]

Wie klein er auch war, so hatte er sich doch schon in der Welt umgesehen. Für so einen kleinen Knirps war seine Reise ziemlich bedeutend gewesen. Geboren war er drüben im Kanton Wallis und über die Berge hierher getragen. Vor Kurzem hatte er zu Fuß den nahe gelegenen Staubbach besucht, der vor der Jungfrau, diesem schneebedeckten blendend weißen Berge, wie ein Silberschleier in der Luft flattert. Auch in Grindelwald war er bei dem großen Gletscher gewesen, aber das war eine traurige Geschichte. Seine Mutter hatte hier den Tod gefunden. »Der hat dem kleinen Rudi die Kinderlust fortgetragen«, sagte der Großvater. Als der Knabe noch kein Jahr alt war, da hatte er, wie die Mutter schrieb, mehr gelacht als geweint, seit er aber in der Gletscherspalte gesteckt hatte, war ein ganz anderer Sinn über ihn gekommen. Großvater sprach sonst nicht viel davon, aber auf dem ganzen Berge wusste man Bescheid.

Rudis Vater war Postillon gewesen, der große Hund dort in der Stube hatte ihn auf seinen Fahrten über den Simplon nach dem Genfer See hinab regelmäßig begleitet. Im Rhonetale im Kanton Wallis wohnte noch Rudis Geschlecht väterlicherseits. Der Bruder seines Vaters war ein geschickter Gemsenjäger und wohlbekannter Führer. Rudi war erst ein Jahr alt, als er seinen Vater verlor. Seine Mutter wollte nun gern mit ihrem kleinen Kinde zu ihrer Familie im Berner Oberlande zurück. Einige Stunden Weges von Grindelwald entfernt wohnte ihr Vater, er war Holzschnitzer und verdiente sich durch seine Arbeit so viel, dass er sich durchschlagen konnte. Im Monat Juni ging sie mit ihrem kleinen Kinde in Gesellschaft zweier Gemsjäger über die Gemmi, um auf dem kürzesten Wege ihre Heimat zu erreichen. Schon hatten sie den größten Teil ihres

95

Weges zurückgelegt, schon hatten sie den Kamm des Gebirges mit seinem ewigen Schnee überschritten, schon überblickte sie ihr heimisches Tal mit all seinen ihr wohlbekannten zerstreuten Holzhäusern, und es galt nur noch einen großen Gletscher zu passieren. Frisch gefallener Schnee bedeckte ihn und verhüllte eine Spalte, die zwar nicht bis auf den Boden hinab reichte, wo das Wasser rauschte, aber doch tiefer als Manneshöhe war. Die junge Frau, die ihr Kind trug, glitt aus, sank hinein und war verschwunden. Man hörte keinen Schrei, keinen Seufzer, aber man hörte ein kleines Kind weinen. Mehr als eine Stunde verging, ehe ihre beiden Begleiter aus dem nächstgelegenen Hause Stricke und Stangen geholt hatten, womit sie ihr möglicherweise Hilfe bringen konnten; und nach unendlicher Mühe wurden zwei Leichen, wie es schien, aus der Eisspalte hervorgezogen. Alle Mittel wurden angewendet, und es glückte wirklich, das Kind wieder ins Leben zurückzurufen, nicht aber die Mutter; und deshalb bekam der Großvater einen Tochtersohn anstatt einer Tochter ins Haus, jenen Kleinen, der mehr lachte als weinte. Aber das schien er sich jetzt abgewöhnt zu haben; die Veränderung war wahrscheinlich in der Gletscherspalte vor sich gegangen, in der kalten wunderbaren Eiswelt, wo, wie der Schweizerbauer glaubt, die Seelen der Verdammten bis zum Tage des Gerichts eingesperrt sind.

Nicht unähnlich einem brausenden Wasser, zu grünen Glasblöcken erstarrt und zusammengedrückt, liegt der Gletscher da, ein großes Eisstück immer über das andere gewälzt. Unten in der Tiefe rauscht der reißende Strom von geschmolzenem Schnee und Eis. Tiefe Löcher, mächtige Spalten zeigen sich in ihm, er bildet einen wunderbaren Glaspalast, und darin wohnt die Eisjungfrau, die Gletscherkönigin. Sie, die Todbringende, die Zerschmetternde, ist halb ein Kind der Luft, halb des Flusses mächtige Beherrscherin. Deshalb vermag sie sich mit der Geschwindigkeit der Gemse zu dem höchsten Gipfel des Schneegebirges zu erheben, wo sich die kühnsten Bergbesteiger, um festen Fuß fassen zu können, Tritte in das Eis hauen müssen. Sie schwebt auf dem dünnen Tannenzweige zu dem reißenden Flusse hinab und springt dort von Felsblock zu Felsblock, von ihrem langen schneeweißen Haare und ihrem blaugrünen Gewande umflattert, welches wie das Wasser der tiefen Schweizer Seen glänzt und schimmert.

»Zerschmettre, halte fest, mein ist die Macht!«, ruft sie. »Einen schönen Knaben stahl man mir, einen Knaben, den ich geküsst hatte. Er ist wieder unter den Menschen, er weidet die Ziegen auf dem Berge, er klettert hinauf, immer hinauf, fort von den anderen, nicht von mir! Mein ist er, ich hole ihn!«

Und sie bat den Schwindel, ihren Auftrag auszuführen. Im Sommer war es der Eisjungfrau zu schwül im Grünen, wo die Krauseminze wächst. Und der Schwindel erhob und verbeugte sich. Da kam einer, nein, da kamen drei. Der Schwindel hat viele Brüder, eine ganze Schar. Die Eisjungfrau wählte die stärksten aus der großen Menge, die draußen in der Natur wie drinnen in den Gebäuden herrschen. Sie sitzen auf dem Treppen- und auf dem Turmgeländer, sie laufen wie ein Eichhörnchen am Felsenrand entlang, sie springen von ihm hinab und treten Luft, wie der Schwimmer Wasser tritt, und locken ihre Opfer über den Abgrund hinaus und hinab. Der Schwindel und die Eisjungfrau, beide greifen sie nach den Menschen, wie der Polyp nach allem greift, was sich um ihn bewegt. Der Schwindel sollte Rudi ergreifen.

»Ja, greift ihn mir nur!«, sagte der Schwindel, »ich vermag es nicht, die böse Katze hat ihn ihre Künste gelehrt. Dem Menschenkinde steht eine Macht bei, die mich fortstößt. Ich kann den kleinen Burschen nicht erreichen, so oft er an einem Zweige über den Abgrund hinaushängt, wenn ich ihn auch unter den Fußsohlen kitzelte oder ihn tief unter die Luft tauchte! Ich vermag es nicht!«

»Wir vermögen es!«, sagte die Eisjungfrau, »du oder ich, ich, ich!«

»Nein, nein!«, schallte es zu ihnen hinüber, als wäre es das Echo der Kirchenglocken; aber es war Gesang, es war Rede, es war der zusammenschmelzende Chor anderer Naturgeister, milder, liebevoller und guter, der Töchter der Sonnenstrahlen. Sie lagern sich jeden Abend auf den Gipfeln der Bergesgipfeln und breiten ihre rosigen Schwingen aus, die, je tiefer die Sonne sinkt, desto röter und röter aufflammen. Die hohen Alpen glühen, die Menschen nennen es das »Alpenglühen«. Wenn dann die Sonne hinunter ist, flüchten sie sich in die Felsenspitzen, in den weißen Schnee hinein, schlafen dort, bis sich die Sonne erhebt, und kommen dann wieder hervor. Besonders lieben sie die Blumen, die Schmetterlinge und die Menschen, und unter diesen hatten sie sich vorzüglich den kleinen Rudi erkoren. »Ihr fangt ihn nicht! Ihr fangt ihn nicht!«, sangen sie.

»Größere und Stärkere habe ich gefangen und bekommen!«, erwiderte die Eisjungfrau.

Da sangen die Töchter der Sonne ein Lied von dem Wandersmann, dem der Wirbelwind den Mantel entriss und in stürmischer Eile entführte. »Die Hülle trug der Wind fort, aber nicht den Mann. Ihn könnt ihr Kinder der Kraft ergreifen, aber nicht halten. Er ist stärker, er ist geistiger als wir selbst. Er steigt höher als die Sonne, unsere Mutter. Er kennt das Zauberwort, das Wind und Wasser bindet, so dass sie ihm dienen und gehorchen müssen. Ihr löst nur das schwere hinabziehende Gewicht, und er erhebt sich desto höher.«

So herrlich lautete der glockenklingende Chor.

Und jeden Morgen schienen die Sonnenstrahlen durch das einzige kleine Fenster in Großvaters Haus hinein, zu dem stillen Kinde hinein. Die Töchter der Sonnenstrahlen küssten ihn, sie wollten die Eisküsse auftauen, erwärmen, vernichten, welche ihm die königliche Maid der Gletscher gegeben hatte, als er im Schoße seiner toten Mutter in der tiefen Eiskluft lag und wie durch ein Wunder daraus gerettet wurde.

9. Die Eisjungfrau

Der Frühling hatte seinen saftgrünen Kranz von Walnuss- und Kastanienbäumen entfaltet, der besonders von der Brücke bei St. Maurice die Rhone entlang bis zum Ufer des Genfer Sees an Üppigkeit stets zunahm. In schnellem Lauf rauschte dieser Strom von seiner Quelle unter dem grünen Gletscher, dem Eispaläste, daher, rauschte stürmisch von dorther, wo die Eisjungfrau wohnt, wo sie sich vom scharfen Wind auf das oberste Schneefeld tragen lässt und sich im warmen Sonnenscheine auf den rein gefegten Kissen ausstreckt. Dort saß sie und blickte weitschauend in die tiefen Täler hinab, wo sich die Menschen wie Ameisen geschäftig bewegten.

»Geisteskräfte, wie euch die Kinder der Sonne nennen!«, sagte die Eisjungfrau, »Gewürm seid ihr.« Ein rollender Schneeball, und ihr und eure Häuser seid zerdrückt und ausgewischt von der Tafel des Lebens!« Und höher erhob sie ihr stolzes Haupt und blickte mit todsprühenden Augen weit umher und tief hinab. Aber aus dem Tale schallte ein eigentümliches Rollen empor: der Donner von Felsensprengungen, Menschenwerk! Wege und Tunnel wurden für Eisenbahnen angelegt.

»Die niedrigen Maulwürfe!«, sagte sie; sie graben Gänge und deshalb lassen sich Töne wie Flintenschüsse vernehmen. Verlege ich meine Schlösser, dann klingt es stärker als Donnergeroll!«

Aus dem Tale erhob sich ein Rauch, der sich vorwärts bewegte wie ein flatternder Schleier, ein von der Lokomotive wehender Federbusch, von der Lokomotive, die auf der neu eröffneten Eisenbahn die Wagenreihe zog, diese sich windende Schlange, deren Glieder Wagen an Wagen bilden; pfeilschnell schoss der Zug dahin.

Sie spielen die Herren da unten, diese Geisteskräfte!«, fuhr die Eisjungfrau in ihrem Selbstgespräche fort. »Die Kräfte der Naturmächte sind doch allein die herrschenden!«, und sie lachte, sie sang, und es hallte im Tale wider.

»Dort rollte soeben eine Lawine!«, sagten die Menschen da unten. Aber die Kinder der Sonnen sangen noch lauter von dem Menschengedanken, welcher gebietet; das Meer unter dem Joche hält, Berge versetzt, Täler füllt; der Menschengedanke, er ist der Herr der Naturkräfte. Gerade in demselben Augenblicke ging über das Schneefeld, auf dem die Eisjungfrau saß, eine Gesellschaft Reisender. Sie hatten sich mit Stricken aneinander festgebunden, um gleichsam einen einzigen größeren Körper auf der glatten Eisfläche, an den tiefen Abgründen zu bilden.

»Gewürm!«, sagte sie. »Ihr wäret die Herren der Naturmächte!«, und sie wandte sich von ihnen ab und sah spöttisch in das tiefe Tal hinab, wo der Eisenbahnzug eben vorüberbrauste.

»Da sitzen sie, diese Gedanken. Sie sitzen in der Gewalt der Kräfte, ich sehe sie, sehe jeden einzelnen Menschen im Zuge! – Einer sitzt stolz wie ein König, allein; dort sitzen sie in einem Haufen zusammen, die Hälfte schläft, und wenn der Dampfdrache hält, steigen sie aus und gehen ihre Wege. Die Gedanken gehen in die Welt hinaus!« Und sie lachte.

»Da rollt schon wieder eine Lawine!«, sagten sie unten im Tale.

»Uns trifft sie nicht!«, sagten zwei auf dem Rücken des Dampfdrachens, »zwei Seelen und ein Gedanke«, wie es im Liede heißt. Es waren Rudi und Babette, auch der Müller war dabei.

»Als Gepäck!«, sagte er. »Ich reise mit als das notwendige Übel!«

»Da sitzen die beiden!«, sagte die Eisjungfrau. »Viele Gemsen habe ich zerschmettert, Millionen von Alpenrosen habe ich geknickt und gebrochen, nicht die Wurzel blieb. Ich vertilge sie, die Gedanken, die Geisteskräfte!« Und sie lachte.

»Es rollt schon wieder eine Lawine!«, sagten sie unten im Tale.

12. Böse Mächte

Rudi verließ Bex, begab sich auf den Heimweg und suchte die Berge mit ihrer frischen, kühlenden Luft auf, die Berge, wo der Schnee lag, wo die Eisjungfrau herrschte. Die Laubbäume standen tief unten, als wären sie nur Kartoffelkraut, Tannen und Sträucher wurden kleiner, die Alpenrosen wuchsen aus dem Schnee hervor, der in einzelnen Flecken wie Leinwand auf der Bleiche dalag. Ein blaues Blümchen wiegte sich in der balsamischen Luft, er zerschlug es mit seinem Gewehrkolben.

Höher hinauf zeigten sich zwei Gemsen; Rudis Augen erhielten Glanz, seine Gedanken neuen Flug. Aber er war nicht nahe genug, um sich seines Schusses sicher zu sein. Höher stieg er, wo nur noch struppiges Gras zwischen den Steinblöcken wuchs. Ruhig gingen die Gemsen auf dem Schneefeld weiter. In Eile beflügelte er seine Schritte. Die Nebelwolken senkten sich rings um ihn, und plötzlich stand er vor der steilen Felsenwand. Der Regen begann hinabzuströmen.

Er fühlte einen brennenden Durst, Hitze im Kopfe, Kälte in seinen anderen Gliedern; er griff nach seiner Jagdflasche, aber diese war leer; er hatte, als er in die Berge hinaufstürmte, nicht daran gedacht. Nie war er krank gewesen, aber jetzt hatte er ein Gefühl davon. Müde war er; Lust, sich hinzuwerfen und zu schlafen, überschlich ihn, doch strömte das Wasser überall und er suchte sich deshalb zusammenzunehmen. Sonderbar zitterten die Gegenstände vor seinen Augen, und plötzlich gewahrte er, was er vorher nie bemerkt hatte, ein neu gezimmertes niedriges Haus, das sich an den Felsen lehnte. In der Tür stand ein junges Mädchen; im ersten Augenblicke hielt er es für Schullehrers Anette, die er einmal beim Tanzen geküsst hatte, allein Anette war es nicht, und doch musste er sie schon vorher gesehen haben, vielleicht bei Grindelwald, an jenem Abend, als er vom Schützenfest in Interlaken heimkehrte.

»Wie kommst du hierher?«, fragte er.

»Ich bin hier zu Hause!«, entgegnete sie. »Ich hüte meine Herde!«

»Deine Herde? Wo weidet sie?«, versetzte er und lachte. »Hier gibt es nur Schnee und Felsen.«

»Du weißt wirklich gut Bescheid!«, erwiderte sie lachend. »Hier hinten, ein klein wenig unten, ist ein herrlicher Weideplatz. Dort gehen meine Ziegen! Ich hüte sie gut. Nicht eine verliere ich, was mein ist, bleibt mein!«

»Du bist kühn!«, sagte Rudi.

»Auch du!«, lautete die Antwort.

»Hast du Milch, so gib mir einen Schluck. Ich durste ganz unerträglich.«

»Ich habe etwas Besseres als Milch!«, entgegnete sie, »das sollst du bekommen. Gestern waren einige Reisende mit ihren Führern hier; sie vergaßen eine halbe Flasche Wein, wie du ihn noch nie gekostet hast. Sie holen sie nicht, und ich trinke sie nicht; trinke du!«

Und sie holte den Wein hervor, goss ihn in eine hölzerne Schale und reichte sie Rudi.

»Der ist gut!«, sagte er. »Nie kostete ich einen so wärmenden, so feurigen Wein.« Seine Augen strahlten, es kam ein Leben, eine Glut in ihn, als ob alles, was ihn traurig gemacht und bedrückt hatte, verdunstet wäre. Die sprudelnde, frische Menschennatur bewegte sich in ihm.

»Aber es ist doch Schullehrers Anette!«, rief er mit einem Male aus. »Gib mir einen Kuss!«

»Wenn du mir den schönen Ring gibst, den du am Finger trägst!«

»Meinen Verlobungsring?«

»Gerade den!«, sagte das Mädchen, goss Wein in die Schale und setzte sie ihm an die Lippen; und er trank. Echte Lebensfreude strömte da in sein Blut, die ganze Welt schien ihm zu gehören; weshalb sich mit Grillen plagen? Alles ist da, um uns Genuss und Glück zu gewähren! Der Lebensstrom ist ein Freudenstrom; sich von ihm forttragen zu lassen, das ist Glückseligkeit. Er sah das junge Mädchen an, es war Anette und doch auch wieder nicht, noch weniger das Spukphantom, wie er es genannt hatte, das er bei Grindelwald traf. Das Mädchen hier auf dem Berge war frisch wie der neu gefallene Schnee, schwellend wie die Alpenrose und leicht wie ein Reh, doch immer aus Adams Rippe geschaffen, ein Mensch wie Rudi. Und er schlang seine Arme um sie, schaute in ihre wunderbaren hellen Augen hinein, nur eine einzige Sekunde war es, und in dieser – ja wer erklärt, was geschah? – war es das Leben des Geistes oder des Todes, was ihn erfüllte? Wurde er erhoben oder sank er in den tiefen tödlichen Eisschlund hinab, tiefer, immer tiefer? Er sah die Eiswände wie bläulich-grünes Glas glänzen; unendliche Spalten und Klüfte gähnten ringsum, und das Wasser tröpfelte klingend wie ein Glockenspiel hinab, und dabei in blauweißen Flammen strahlend. Die Eisjungfrau gab ihm einen Kuss, der ihn durch das Rückenmark bis in die Stirn erstarren ließ. Er stieß einen Schmerzensschrei aus, riss sich los, taumelte und fiel; es wurde Nacht vor seinen Augen, aber er öffnete sie wieder. Böse Mächte hatten ihr Spiel getrieben.

Fort war das Alpenmädchen, fort die bergende Hütte; das Wasser rann von der nackten Felsenwand hinab, der Schnee lag ringsum. Rudi schauderte vor Kälte, bis auf die Haut war er durchnässt, und sein Verlobungsring war fort, der Ring, den ihm Babette an den Finger gesteckt hatte. Sein Gewehr lag neben ihm im Schnee, er hob es auf, wollte es abschießen, aber es versagte. Feuchte Wolken lagerten sich wie feste Schneemassen über die Kluft, der Schwindel saß darin und lauerte auf seine kraftlose Beute, und unter ihm klang es in der tiefen Kluft, wie wenn ein Felsenblock fiele und alles, was seinen Fall aufhalten wollte, zerschmetterte und mit sich fortrisse.

Aber in der Mühle saß Babette und weinte. Rudi war sechs Tage lang nicht dagewesen, er, der unrecht hatte, er. Der sie hätte um Verzeihung bitten müssen und den sie doch von ganzem Herzen liebte.

15. Schluss

Es war noch nicht Abend, als die drei frohen Menschen Villeneuve erreichten und ihre Mahlzeit hielten. Der Müller setzte sich mit seiner Pfeife in den Lehnstuhl und hielt ein kleines Schläfchen. Die jungen Brautleute gingen Arm in Arm zur Stadt hinaus, die Landstraße unter den mit Buschwerk bewachsenen Felsen hinab, den bläulich-grünen tiefen See entlang. Das düstre Chillon spiegelte seine grauen Mauern und schwarzen Türme in dem klaren Wasser. Die kleine Insel mit den drei Akazien lag noch näher, sie sah aus wie ein Blumenstrauß auf dem See.

»Dort drüben muß es lieblich sein!«, sagte Babette, sie hatte wieder die größte Lust, hinüberzukommen, und der Wunsch ließ sich sofort erfüllen. Ein Boot lag am Ufer; der Strick, der es hielt, war leicht zu lösen. Man sah niemand, den man hätte um Erlaubnis fragen können, und deshalb nahm man ohne Weiteres das Boot. Mit der Ruderkunst war Rudi ganz vertraut.

Die Ruder griffen wie Fischflossen in das nachgiebige Wasser; es ist so gefügig und doch so stark, es ist ganz Rücken zum Tragen, ganz Mund zum Verschlingen, sanft lächelnd, die Weichheit und Sanftmut selbst, und doch Schrecken einjagend und stark zum Zerschmettern. Schäumend spritzte das Kielwasser hinter dem Boote auf, das in wenigen Minuten die beiden zur Insel hinübertrug. Dort stiegen sie ans Land. Hier gab es keinen größeren Platz, als gerade zu einem Tänzchen für die beiden hinreichte.

Rudi schwenkte Babetten zwei-, dreimal herum, und dann setzten sie sich auf die kleine Bank unter den herabhängenden Akazien, schauten einander in die Augen, hielten einander an den Händen, und alles ringsumher strahlte im Glanze der sinkenden Sonne. Die Tannenwälder auf den Bergen erhielten dem blühenden Heidekraut gleich ein rötlich-lila Aussehen, und wo die Bäume aufhörten und der nackte Fels hervortrat, glühte er, als ob er durchsichtig wäre. Die Wolken am Himmel leuchteten wie das rote Gold, der ganze See glich einem frischen flammenden Rosenblatte. Während sich die Schatten bis zu den schneebedeckten Bergen Savoyens erhoben, wurden diese dunkelblau, aber der oberste Rand leuchtete wie die rote Lava. Er enthüllte einen Moment aus der Gebirgsschöpfung, als sich diese Massen glühend aus dem Schoße der Erde erhoben und noch nicht erloschen waren. Es war ein Alpenglühen, wie Rudi und Babette nie ein ähnliches gesehen zu haben meinten. Der schneebedeckte »Dent du Midi« hatte einen Glanz wie die Scheibe des Vollmondes, wenn er sich am Horizonte erhebt.

»So viel Schönheit, so viel Glück!«, riefen beide. – Mehr hat die Erde nicht zu geben!«, sagte Rudi. »Eine Abendstunde wie diese ist doch ein ganzes Leben! Wie oft empfand ich mein Glück, wie ich es jetzt empfinde, und dachte, wenn jetzt plötzlich alles endete, wie glücklich hätte ich doch gelebt! Wie voller Segen ist doch diese Welt! Und der Tag endete, allein ein neuer begann wieder, und es kam mir vor, als wäre dieser noch schöner! Der liebe Gott ist doch unendlich gut, Babette!«

»Ich bin so glücklich!«, erwiderte sie.

»Mehr hat die Erde mir nicht zu geben!«, brach Rudi stürmisch aus.

Und die Abendglocken klangen von den Bergen Savoyens, von den Bergen der Schweiz herab. Im Goldglanz erhob sich gegen Westen das dunkelblaue Juragebirge.

»Gott gebe dir das Herrlichste und Beste!«, sagte Babette sanft und zärtlich.

»Das will er!«, entgegnete Rudi. »Morgen habe ich es! Morgen bist du ganz die Meine, mein trautes, reizendes Weibchen!«

»Das Boot!«, rief Babette in demselben Augenblicke.

Das Boot, welches sie zurückbringen sollte, hatte sich gelöst und trieb von der Insel ab.

»Ich hole es!«, entgegnete Rudi, warf seinen Rock ab, zog schnell die Stiefel aus, sprang in den See und schwamm mit kräftigen Bewegungen dem Boote nach.

Kalt und tief war das klare, blau-grüne Eiswasser aus dem Gletscher. Rudi schaute in die Tiefe, nur einen einigen Blick warf er herab; und es kam ihm vor, als sähe er einen goldenen Ring rollen, blinken und spielen. Er gedachte seines verlorenen Verlobungsringes, und der Ring wurde größer, dehnte sich zu einem funkelnden Kreise aus und darin leuchtete der helle Gletscher. Ringsum gähnten unendlich tiefe Klüfte, und das Wasser tropfte wie ein Glockenspiel und in weißlich-blauen Flammen erglänzend hinab. In einem Augenblicke überschaute er, was wir in langen vielen Worten erzählen müssen. Junge Jäger und junge Mädchen, Männer und Weiber, einst in die Spalten des Gletschers gesunken, standen hier lebendig mit offenen Augen und lächelndem Munde. Tief unter ihnen erschallte der Klang der Kirchenglocken aus den begrabenen Dörfern. Die Gemeinde kniete unter dem Kirchengewölbe, Eisstücke bildeten die Orgelpfeifen, der Gebirgsstrom spielte die

Orgel. Die Eisjungfrau saß auf dem hellen, durchsichtigen Grunde, sie schwang sich zu Rudi empor, küsste ihm die Füße, und ein Todesschauer durchzitterte seine Glieder, es war, als träfe ihn ein elektrischer Stoß – Eis und Feuer zugleich! Bei der kurzen Berührung fühlt man zwischen ihnen keinen Unterschied.

»Mein, mein!«, klang es um ihn und in ihm. »Ich küsste dich, als du noch klein warst, küsste dich auf den Mund! Jetzt küsse ich dich auf die Zehen und Fersen, mein bist du ganz!«

Und er war verschwunden in dem klaren, blauen Wasser.

Alles war still. Die Kirchenglocken hörten auf zu läuten, die letzten Töne verschwanden mit dem Glanze der roten Wolken.

»Mein bist du!«, klang es in der Tiefe; »mein bist du!«, klang es in der Höhe, aus dem Unendlichen.

Schön ist es, zu fliegen von Liebe zu Liebe, von der Erde in den Himmel.

Es riss eine Saite, es erklang ein Trauerton; der Eiskuss des Todes besiegte das Vergängliche. Das Vorspiel endete, damit das Lebensdrama beginnen konnte, der Missklang wurde aufgelöst in Harmonie.

Nennst du es eine traurige Geschichte?

Arme Babette! Für sie war es eine Stunde der Angst; weiter und weiter trieb das Boot fort. Niemand wusste, dass sich das Brautpaar auf der kleinen Insel befand. Der Abend nahm zu; die Wolken senkten sich, die Finsternis kam. Allein, verzweifelt, jammernd stand sie da. Ein Unwetter hing über ihr. Blitze leuchteten über den Bergen des Jura auf, über der Schweiz und über Savoyen; von allen Seiten Blitz auf Blitz, Donner ging in Donner über, sie rollten unaufhörlich, minutenlang. Die Blitzstrahlen wetteiferten bald mit dem Sonnenglanze, man konnte jeden einzelnen Weibstock wie zur Mittagszeit sehen, und bald darauf herrschte wieder schwarze Finsternis. Die Blitze bildeten Schleifen, Zickzacke, schlugen ringsum in den See ein, leuchteten von allen Seiten auf, während die Donnerschläge sich durch den Widerhall des Echos verstärkten. Auf dem Lande zog man die Boote bis auf das Ufer; alles, was Leben hatte, suchte Schutz – und nun strömte der Regen hinab.

»Wo sind doch nur Rudi und Babette in diesem entsetzlichen Unwetter!«, sagte der Müller

Babette saß mit gefalteten Händen, den Kopf gegen den Schoß geneigt, stumm vor Schmerz, vom Schreien und Jammern, da.

»Im tiefen Wasser«, sagte sie bei sich selbst, »tief unten, wie unter dem Gletscher, ist er!«

Ihr kam in den Sinn, was ihr Rudi vom Tode seiner Mutter, von seiner Rettung und wie er scheinbar als Leiche aus der Spalte des Gletschers gezogen wurde, erzählt hatte. »Die Eisjungfrau hat ihn wieder!«

Und ein Blitzstrahl leuchtete so blendend wie Sonnenglanz auf den weißen Schnee. Babette fuhr in die Höhe; der See erhob sich in demselben Augenblicke, wie ein weithin schimmernder Gletscher, die Eisjungfrau stand mittendrin, majestätisch, bläßlichblau, strahlend, und zu ihren Füßen lag Rudis Leiche. »Mein!«, rief sie, und ringsum war wieder Dunkelheit und Finsternis, strömendes Wasser.

Mark Twain

aus: ## A Tramp Abroad (1880)

Manchmal werden Gletscher aus ihrem charakteristischen Schne-
ckentempo gescheucht. Dann zeigt sich ein wunderbares Spekta-
kel. Mr. Whymper berichtet von einem Vorfall in Island im Jahr
1721:

»Es scheint, dass sich in der Umgebung des Berges Kotlugja unterhalb oder innerhalb der Gletscher (wegen der Hitze im Erdinne-
ren oder aus anderen Gründen) große Wassermassen ansammel-
ten, nach einiger Zeit eine unwiderstehliche Kraft entwickelten,
die Gletscher von ihrer Verankerung am Land rissen und sie über
alle Hindernisse hinweg ins Meer fegten. Gewaltige Eismassen
wurden so innerhalb weniger Stunden eine Distanz von etwa zehn
Meilen über Land getragen; und ihr Umfang war so enorm, dass
sie das Meer über sieben Meilen von der Küste her bedeckten und
dabei in sechshunder Fuss Tiefe auf dem Meeresgrund auflagen!
Im großen Stil wurde das Land entblößt. An der Oberfläche wurden sämtliche Aufschüttungen weggefegt und der Felsuntergrund
freigelegt. Es wurde in bildhafter Sprache beschrieben, wie alle
Unebenheiten und Vertiefungen ausradiert wurden, und im Umkreis von mehreren Meilen eine glatte Oberfläche bloßgelegt wurde und dass diese Fläche aussah, als wäre sie *mit einem Hobel ab-
gehobelt worden.*

Laut dem aus dem Isländischen übersetzten Bericht bedeckte
die bergähnlichen Ruinen dieses majestätischen Gletschers das
Meer dergestalt, dass, soweit das Auge reichte, kein offenes Wasser

erkennbar war, selbst von den höchsten Gipfeln aus. Eine gigantische Barriere oder Mauer aus Eis wurde von diesem seltsamen Ausbruch auch über eine beträchtliche Strecke des Landes errichtet:

Man kann sich eine Vorstellung von der Höhe dieser Eisbarriere machen, wenn man erfährt, dass man vom Hofdabrekka-Hof aus, der weit oben auf einem Fjeld liegt, der Hjorleifshofdi gegenüber, ein sechhundertvierzig Fuß hoher Berg, nicht zu sehen war, sondern dass man dazu erst einen zwölfhundert Fuß hohen Berghang östlich von Hofdabrekka hochkraxeln musste.«

Diese Dinge werden dem Leser dabei helfen zu verstehen, weshalb sich ein Mensch, der mit Gletschern verkehrt, nach und nach ziemlich unbedeutend fühlt. Gemeinsam sind die Alpen und die Gletscher in der Lage, einem Menschen jedes bisschen Hochmut auszutreiben und seine Selbstherrlichkeit auf ein Nichts zu reduzieren, wenn er nur lange genug im Einflussbereich ihrer erhabenen Gegenwart verbleibt, um ihr eine angemessene Chance zu geben, ihr Werk zu tun.

Die Gletscher der Alpen wandern – das geben nun alle zu. Aber es gab eine Zeit, in der die Leute über diese Idee spotteten; sie sagten, man könne ebenso gut von soliden Steinmassen erwarten, dass sie über den Boden kriechen, wenn man dies von Eismassen tue. Aber Beweis um Beweis wurde geliefert und schließlich musste es die Welt glauben.

Die Gelehrten sagten nicht nur, dass sich der Gletscher bewegt, sie maßen seine Bewegung. Sie berechneten die Gletscherwanderung und sagten dann zuversichtlich, er werde in so vielen Jahren genau diese Strecke zurücklegen. Es gibt Berichte über ein erstaunliches und sonderbares Beispiel für die Genauigkeit, die bei solchen Berechnungen erzielt werden kann.

1820 wurde die Besteigung des Mont Blanc von einem Russen und zwei Engländern versucht, zusammen mit sieben Bergfüh-

rern. Sie hatten eine gewaltige Höhe erreicht und waren im An-
marsch auf den Gipfel, als eine Lawine mehrere aus der Gruppe
einen steilen Abhang hinunterfegte und fünf von ihnen (allesamt
Führer) in eine der Gletscherspalten schleuderte. Das Leben eines
der fünf wurde von einem langen Barometer gerettet, das auf seinen Rücken gebunden war – es überbrückte die Spalte und hielt
ihn, bis Hilfe kam. Einen anderen rettete sein Bergstock auf ähnliche Weise. Drei Männer waren verloren – Pierre Balmat, Pierre
Carrier und Auguste Tairraz. Sie waren in die unergründlichen
Tiefen der Gletscherspalte geschleudert worden.

Dr. Forbes, der englische Geologe, hatte die Gegend um den
Mont Blanc regelmäßig besucht und der umstrittenen Frage der
Gletscherwanderung viel Aufmerksamkeit gewidmet. Während
einer seiner Besuche vervollständigte er seine Schätzung vom
Tempo der Wanderung jenes Gletschers, der die drei Führer ver-
schluckt hatte, und machte die Voraussage, dass der Gletscher sei-
ne Toten fünfunddreißig oder vierzig Jahre nach dem Unfall am
Fuss des Berges abliefern werde.

Eine langsame, langweilige Reise – eine für kein Auge wahr-
nehmbare Bewegung – aber sie ging dennoch und ohne Unterlass
voran. Es war eine Reise, die ein rollender Stein in wenigen Sekun-
den machen würde – der hochgelegene Ausgangspunkt war vom
Dorf unten im Tal aus zu sehen.

Die Voraussage kam der Wahrheit erstaunlich nahe: Einund-
vierzig Jahre nach der Katastrophe wurden die Überreste am Fuß
des Gletschers ausgeworfen.

Ich finde einen interessanten Bericht von der Angelegenheit in
der Histoire Du Mont Blanc von Stephen d'Arve. Ich werde diesen
Bericht wie folgt zusammenfassen:

Am zwölften August 1861, zum Ende der Messe, erreichte ein
Führer atemlos das Ratshaus von Chamonix und trug auf seinen

Schultern eine traurige Last. Es war ein Sack, gefüllt mit sterblichen Überresten, die er der Mündung einer Spalte des Gletschers
von Bossons entnommen hatte. Er vermutete, dass dies die Überreste der Opfer der Katastrophe von 1820 seien, und eine sorgfälti-
ge Untersuchung, die von den lokalen Behörden sofort veranlasst
wurde, zeigte bald die Richtigkeit seiner Annahme. Der Inhalt des
Sacks wurde auf einem langen Tisch ausgelegt und wie folgt in-
ventarisiert:

Teile dreier menschlicher Schädel. Mehrere Strähnen schwarzen und blonden Haars. Ein menschlicher Kiefer, besetzt mit guten
weißen Zähnen. Ein Unterarm mit Hand, alle Finger der letzteren
intakt. Das Fleisch war weiß und frisch und sowohl der Arm wie
auch die Hand hatten einen Grad von Beweglichkeit in den Gelen-
ken bewahrt.

Der Ringfinger hatte eine leichte Abschürfung erlitten, und der
Blutfleck war nach vierzig Jahren noch unverändert sichtbar. Ein
linker Fuß, das Fleisch weiß und frisch.

Bei diesen Fragmenten fanden sich Teile von Westen, Hüten,
Nagelschuhen und anderer Kleidung; der Flügel einer Taube mit
schwarzen Federn; ein Stück von einem Bergstock; eine Blechla-
terne; und schließlich eine gekochte Hammelkeule, das einzige
Fleisch unter all den Überresten, von dem ein unangenehmer Geruch ausging. Der Führer sagte, das Hammelfleisch habe keinen
Geruch gehabt, als er es aus dem Gletscher nahm; eine Stunde an
der Sonne hatte bereits den Vorgang der Verwesung in Gang gesetzt.

Leute wurden gerufen, um diese armen, rührenden Überbleib-
sel zu identifizieren, und eine ergreifende Szene trug sich zu. Zwei
Männer, die die schreckliche Katastrophe von vor fast einem hal-
ben Jahrhundert miterlebt hatten, waren noch am Leben – Marie
Couttet (von seinem Stock gerettet) und Julien Davouassoux (vom

Barometer gerettet). Diese betagten Männer traten ein und an den Tisch. Davousassoux, über achtzig Jahre alt, betrachtete die traurigen Überreste stumm und mit leerem Blick, denn sein Verstand und sein Gedächtnis waren träge vom Alter; aber Couttet war mit zweiundsiebzig noch im Vollbesitz seiner Geisteskräfte, und er zeigte sich sehr gerührt. Er sagte:

»Pierre Balmat war blond; er trug einen Strohhut. Dieses Schädelstück mit der blonden Strähne war seines; dies ist sein Hut. Pierre Carrier war sehr dunkel; dieser Schädel war seiner, und dieser Filzhut. Dies ist Balmats Hand, ich erinnere mich so gut daran!« Und der alte Mann neigte sich hinab und küsste sie ehrfürchtig, schloss seine Finger zärtlich um sie, und rief: »Ich hätte nie zu glauben gehofft, dass mir, bevor ich diese Welt verlasse, erlaubt werde, einmal noch die Hand eines dieser mutigen Kameraden zu drücken, die Hand meines guten Freundes Balmat.«

Friedrich Nietzsche

Am Gletscher (1884)

Um Mittag, wenn zuerst
Der Sommer in's Gebirge steigt,
Der Knabe mit den müden, heißen Augen:
Da spricht er auch,
Doch sehen wir sein Sprechen nur.
Sein Atem quillt wie eines Kranken Atem quillt
In Fieber-Nacht.
Es geben Eisgebirg und Tann' und Quell
Ihm Antwort auch,
Doch sehen wir die Antwort nur.
Denn schneller springt vom Fels herab
Der Sturzbach wie zum Gruß
Und steht, als weiße Säule zitternd,
Sehnsüchtig da.
Und dunkler noch und treuer blickt die Tanne,
Als sonst sie blickt
Und zwischen Eis und totem Graugestein
Bricht plötzlich Leuchten aus – –
Solch Leuchten sah ich schon: das deutet mir's. –

Auch toten Mannes Auge
Wird wohl noch Ein Mal licht,
Wenn harmvoll ihn sein Kind
Umschlingt und hält und küsst:
Noch Ein Mal quillt da wohl zurück

Des Lichtes Flamme, glühend spricht
Das tote Auge: »Kind!
Ach Kind, du weißt, ich liebe dich!« –
Und glühend redet Alles – Eisgebirg
Und Bach und Tann –
Mit Blicken hier dasselbe Wort:
»Wir lieben dich!
Ach Kind, du weißt, wir lieben, lieben dich!«

Und er,
Der Knabe mit den müden heißen Augen,
Er küsst sie harmvoll,
Inbrünst'ger stets,
Und will nicht gehn;
Er bläst sein Wort wie Schleier nur
Von seinem Mund,
Sein schlimmes Wort
»mein Gruß ist Abschied,
mein Kommen Gehen,
ich sterbe jung.«

Da horcht es rings
Und atmet kaum:
Kein Vogel singt.
Da überläuft
Es schaudernd, wie
Ein Glitzern, das Gebirg.
Da denkt es rings –
Und schweigt – –

Um Mittag war's,
Um Mittag, wenn zuerst
Der Sommer ins Gebirge steigt,
Der Knabe mit den müden heißen Augen.

Stefan George

Nietzsche (1907)

Schwergelbe wolken ziehen überm hügel
Und kühle stürme – halb des herbstes boten
Halb frühen frühlings ... Also diese mauer
Umschloss den Donnerer – ihn der einzig war
Von tausenden aus rauch und staub um ihn?
Hier sandte er auf flaches mittelland
Und tote stadt die letzten stumpfen blitze
Und ging aus langer nacht zur längsten nacht.

Blöd trabt die menge drunten – scheucht sie nicht!
Was wäre stich der qualle, schnitt dem kraut!
Noch eine weile walte fromme stille
Und das getier das ihn mit lob befleckt
Und sich im moderdunste weiter mästet
Der ihn erwürgen half sei erst verendet!
Dann aber stehst du strahlend vor den zeiten
Wie andre führer mit der blutigen krone.

Erlöser du! selbst der unseligste –
Beladen mit der wucht von welchen losen
Hast du der sehnsucht land nie lächeln sehn?
Erschufst du götter nur um sie zu stürzen
Nie einer rast und eines baues froh?
Du hast das nächste in dir selbst getötet
Um neu begehrend dann ihm nachzuzittern
Und aufzuschrein im schmerz der einsamkeit.

Der kam zu spät der flehend zu dir sagte:
Dort ist kein weg mehr über eisige felsen
Und horste grauser vögel – nun ist not:
Sich bannen in den kreis den liebe schliesst …
Und wenn die strenge und gequälte stimme
Dann wie ein loblied tönt in blaue nacht
Und helle flut – so klagt: sie hätte singen
Nicht reden sollen diese neue seele!

Stefan George

DER BLUMENELF

In der bergschlucht wo niederschnellt
Der gletscher schmelzendes eis
Da hatte ein blumenelf sein zelt
Im kelch eines edelweiß.

Er lebte in seliger lust dahin
Genährt vom ätherischen trank
Er spielte froh wenn die sonne schien
Und träumte süss wenn sie sank.

Da sprosste zu seinen füssen nicht weit
Im felsigen gähnenden schacht
Die alpenrose im rötlichen kleid
In zarter und herrlicher pracht.

Er sah sie und seine ruhe war fort ..
Nicht mehr der köstliche saft
Der sonne schein und der trauliche ort
Ihm freud und erquickung verschafft.

Ach sie vernahm es nicht was er sprach
Nicht konnte er flehend ihr nahn ..
Er welkte dahin von tag zu tag
Verzehrt von dem blinden wahn.

Und wieder einmal war sie erwacht
Geküsst von den perlen des taus
Und sah er sie leuchten in aller pracht –
Da hielt er es nicht mehr aus:

Er stürzte des sichern verderbens bewusst
Nach ihr in den gähnenden schlund
Und presste im fallen in brennender lust
Die blume an seinen mund.

Christian Morgenstern

(Nordstrand.) (1902)

I.

Ihr dunklen Tanneninseln, eurer denk' ich oft.
Wenn so der rote Abend gleichsam aus euch wuchs, –
den Himmel überwuchs, – als hättet ihr den Tag
nun endlich ganz in euch hinein, hinab gedacht,
und kreißtet nun vom Feuer des verschlungenen
Sonnengedankens, stelltet ihn nun wieder aus euch dar,
wie Künstler ein Stück Welt, das sie in sich gesaugt, –
wie Denker eine Wahrheit, die sie bluten macht – !
Ihr dunklen Tanneninseln, eurer denk' ich oft.

II.

Des Frühlings unbestimmte Ahnung füllt die Luft.
Tiefschmerzlich-schwärzliche Gewölke ruhen groß
am geisterblassen Firmament der Abendnacht.
Erhabner Tragik unbeschreibliche Gewalt
strömt aus des Himmels abgrundtiefer Dämmerung,
steigt aus der Berge trauerblauem Schattenschoß,
weht von der Wasser meilenweitem Wogenplan
den Menschen an, dem jeder stummgewordne Schmerz
mit unterirdischem Ruf vor diesem Blick erwacht.

120

III.

O Trauer, die mir immer wieder, wie ein Wind,
ein allzu lauer, in die seltsame Seele greift
und dunkle Gründe, die verborgnes Eis bedeckt,
(je heitrer aber eine tiefe Seele ist,
je stärker bindet ihres Abgrunds Quellen Eis,
die sonst, entfesselt, all ihr Glück vernichteten)
mit ihrem Thränenhauch gefährlich lösend streift, –
o Trauer, weiche, weiche doch von mir; ich bin
vor deinem Tauwind Frühling, Frühling noch zu sehr!

(Molde.)
IV.

O diese Vormittage, trunken von Glanz und Glück!
O dieser Meeres-, Berges-, Himmelsbläuen seliges Spiel!
Wenn über des Fjordes lichtazurne Fläche so
ein leichter Wind mit violendunklen Fluten naht!
Du stehst und wartest auf dem sonnigen Dampfschiffsteg;
und wie die vorderste Welle sich am Pfeiler bricht
und dich der erste Hauch anatmet, frisch und kühl,
da trifft er auf dem glänzenden Spiegel deines Augs
verwandte Feuchte, – und du schauerst im Innersten.

V.

Die schneebedeckten Gipfel rötet Abendlicht.
Die Heiterkeit der Gletscher! Keines Menschen Fuß
entweiht des Himmels kühles, reines Höhngeschenk,
den Blütenschnee vom Weltbaum des Erkenntnisses.
Ein Regenbogen wächst von ihnen zu mir her, –
die einzige Brücke zu der grünen Welt und mir.
Und flüchtig misst mein leichter Geist die bunte Bahn –
und salbt sich mit dem roten, reinen, kühlen Schnee ...
und schon verblasst Rückeilendem so Luft wie Firn.

VI.

Tiefsinnig blau die Berge durch die Dämmernacht,
(Im Dorf die Glocke scholl soeben zwölf)
vom wolkenvollen Himmel brütend überdrückt,
vom regungslosen Fjorde bleiern eingefasst.
Und eine Stille! Hämmer schmieden hallend Erz, –
unzählige Glocken läuten Sturm, – Gesang
erfüllt die Lüfte, – Unterweltliches reckt sich dumpf, –
ein Ringen wie von Schatten wälzt sich durch den Raum, –
und aus der Ferne klagt ein langgezogener Ton - - -

VII.

Schon graut der Tag. Und ist noch Mitternacht.
Die Meisen zwitschern schon im erwartungsvollen Wald.
Die Tannen atmen stärker in der kühlen Luft.
Die kleinen Quellen schwatzen schon, geschäftig wach.
(Ganz anders redet solch ein Quell in dunkler Nacht.)
Und von des Berges Gipfel, dem der Osten schon
sich rötet, kommt ein Wandrer durch den Wald herab
und singt des Lands schwermütige Lieder vor sich hin, –
und Thränen stürzen ihm ins Aug', indes er singt.

(Bergen.)
VIII.
(Bei einer Weise von Grieg.)

Schwill, süße, bittre Klage, in des Abendwindes
sehnsüchtig Atmen hinüber, hebt euch beide so
zum toten Gewölk, die Geisterschwingen noch einmal
in Sonne tauchend, sterbende Schwäne der Dämmerung,
mit Götterstimmen die tiefe flammende Unendlichkeit,
den ewigen Morgen der Geburten singend, – und,
die purpurschweren Fittige dann mit einem Mal
sinken lassend, – Sonnengold im gebrochenen Aug', –
stürzt nieder in den violetten Schattenschoss der Nacht!

Walter Benjamin

aus: **Tagebuch von Wengen (ca. 1910)**

Für den folgenden, am 25ten hier in Wengen begonnenen Teil dieses
Pseudotagebuches trage ich schwere Bedenken. Nur die beständig
im Einzelnen wechselnden und doch im Grunde sehr ähnlichen
Stimmungen der Hochgebirgsnatur sind festzuhalten; noch dazu
unter möglichster Ausschaltung der pragmatischen, unwichtigen
Begleitumstände. Und diese feinsten Gründe verschiedener Natur-
eindrücke festzuhalten ist schwer und manchmal und für manchen unmöglich. Und vielleicht wird da doch wieder an einzelnen
Stellen im pragmatischen, im gewöhnlichen, begleitenden Erleb-
nis der einzige Schlüssel und Ausdruck liegen.

Mit Leichterem und gleich Reizendem kann ich beginnen. Mit
dem eindrucksvollen Merkmal des Tages, als ich mit meinen Ge-
schwistern 10 Minuten in dem bestrickend kunstgewerblichen
Vestibül des Hotels zubrachte und eine Entscheidung der Eltern
über die Wohnung erwartete (die imponierenden Blätter der *Times*
und des *Matin* musternd) und mit dem zweiten Genrebild: Einem
tagebuchbeflissenen Jüngling in dem allmählich sich leerenden
Schreibzimmer (nur ein vornehmer Herr mit lang ausgezogenem
Bart legt seine abendliche Patience) während im erleuchteten Vestibül ein Zauberer seine scharf accentuirten Reden vor dem Publi-
kum hält und bis in meine stille Ecke sendet.

Danach wohnte ich dieser Vorstellung bei, ohne weitere tiefere
oder denkwürdige Gefühle, Gedanken oder Erinnerungen daran
zu bewahren.

Ein harmlos angelegter Spaziergang des folgenden Vormittags entwickelte sich zu einem etwas längeren Gang, der mit einer Bergtour wenigstens das Ziel und die Anstrengung gemein hat. Man erklomm auf heißen, steilen Hügelrücken und zuletzt auf kurzem, braunem, mit Wurzeln durchquertem Waldweg das Lauberhorn, das diese Bemühungen mit einem Ausblick auf Interlaken lohnt.

Es wechseln nun mit ziemlicher Regelmäßigkeit eine Reihe von Tagen der Beschaulichkeit mit solchen, die von mehr oder weniger langen, harmlosen Touren ausgefüllt werden; während die Lektüre der *Anna Karenina,* der *Kultur der Renaissance,* einiger Zeitungsfeuilletons und Vormittage, die in mehr oder weniger bequemer Lage auf dem Waldboden verbracht werden, die beschaulichen Tage darstellen. Nicht zu vergessen ein bandwurmartig anwachsender Briefwechsel mit Herbert, so wie auch im Übrigen ein mit der Intelligenz von Berlin-W geführter leider reger Briefwechsel, der dadurch nicht interessanter wird, dass die Umstände Veranlassung zu mehrfach wiederholten Schilderungen identischer Urbilder geben. Ferner bringt jeder Tag eine Stunde der Göttin des Examens zum Opfer. Desgleichen jede Nacht ihr einen Traum.

Und nun erst gelangen wir in medias res, wobei die Sache die Alpenwelt darstellt. Da Sinn und Verstand weder für noch gegen eine chronologische Aufzeichnung sprechen, so wähle ich sie. Oder trotzdem. Auch das bleibt dahingestellt. Denn die Niederschrift eines Tagebuches kostet schon an sich genug geistige Arbeit.

Ich muss also beginnen mit Ausflug und Fahrt in den Jungfrautunnel. Leider ist der Schreibtisch nicht besetzt und am 28 d.M. des Abends setzte ich mein Werk fort.

Die Bahn (eine Bergbahn mit offenen Wagen) geht nach Wengen-Scheidegg und wieder sendet dem rückwärts Sitzenden die Bergwelt nur kurze, blendende Grüße. In einer langen, ausgedehn-

ten Menschenkolonne geht's zu Fuß von Scheidegg nach dem Eigergletscher. 250 m Steigung. Ich berechne immer eifrig Höhen-
gewinnste und Verluste; kann mich geruhsam darüber ärgern,
dass erworbene 30 m in 1 Min. in einem kleinen Abstieg wieder
geraubt werden, bleibe weit hinter den Eltern und dann hinter
Nachfolgenden zurück und gelange schließlich recht erschöpft auf
die Höhe. Mühsam muss ich eine Übelkeit unterdrücken. Merk-
würdig, wie gereizt die Anstrengung mich macht. Auf eine Frage
nach meinem Befinden antworte ich fast frech. Die errungene
Höhe, die Nähe der Gletscher lässt Mama endlich den zurück-
gedämmten Wunsch nach einer Fahrt mit der Jungfraubahn wach
werden. Sogar Papa wird ergriffen und eine Fahrt nach Station Eismeer beschlossen. Wobei ich, ein Opfer meines etwas aufrühreri-
schen Herzens, zurückbleiben soll. Sofort stand bei mir fest, mit
Aufwand aller Diplomatik wenigstens etwas zu erreichen. Und
nach ganz kurzem Kampf setzte ich eine Fahrt nach Eigerwand
durch. Dora sollte dort mit mir bleiben, und der nächste Zug sollte
uns zurückbringen.

Noch ist Zeit bis zur Abfahrt des Zuges. Wir verlassen das fes-
tungsmäßig düster gebaute Bahnhofs- und Restaurationsgebäude
und auf Schuttabhängen hinab zum Eigergletscher. Bald haben
wir Schnee unter den Füßen und vor uns Eis und Schneemassen,
den Gletscher und eine ziemlich schneefreie braun-schwarze Felswand. Man ist mitten in der Gletscherwelt. Aber das Kulturbewusstsein wird wach erhalten durch zahlreiche Bewunderer am
selben Orte, durch eine Eisgrotte mit Eintritt nach Belieben, durch
Männer, die angelegentlichst eine Rodelfahrt in Schlitten empfeh-
len, die gegen eine Gebühr auszuleihen sie gern bereit sind. Rückweg und Fahrt in der Jungfraubahn. Leis, ganz leise enttäuschend.
Nur vage Ahnungen der Gletscherwelt stehen dem Fahrgast in
einer endlosen, vom elektrischen Licht der Coupés erhellten Tun-

nelfahrt frei. Und dann der kühle Tunnel, mit etwas satterer Belichtung, wo der Zug hält: Station Eigerwand in bunten Glühbirnen oben an der Wölbung zu lesen. Überrascht und erfreut, doch etwas zu entdecken, laufe ich zu, auf den Fleck, wo Tageslicht grüßt. Ein Ausblick wie viele Ausblicke. Ein Stück Felsenwand, Dunkelheit und 5 m entfernt, noch so ein Loch im Felsen mit eisernem Gitter davor. Ebenso zur anderen Seite. Die Fahrgäste verlaufen sich allmählich; kehren in ihre Coupés zurück. Nicht genug damit: das Schicksal hatte mir noch eine kleine Liebesgabe zugedacht, die ich aber sogleich als solche erkannte und die mich daher nicht sehr ärgern konnte. Zwei junge Damen, die auch auf der Station bleiben wollten, aber durch lockende Schilderungen des Eismeers von dem Bahnbeamten bewogen wurden, im letzten Augenblick einzusteigen. Der Zug fährt ab. Meine Schwester, ich, ein Fernrohr … und nach einiger Zeit der Bahnbeamte die Einzigen. Wir entwickeln unser Lunch. Der Bahnbeamte schenkt Dora einen Glimmerstein; dann nähert es sich und wir bewundern entflammt nach seinen Weisungen im Fernrohr in plötzlicher Deutlichkeit die Umgegend. Tandlhorn, Schyn Platte, Grindelwald u.s.w. Ich fühle mich zu einer Erkenntlichkeit bewogen; habe aber kein Kleingeld bei mir und helfe mir, indem ich eine Karte kaufe. Hoffentlich gehörte ihm der Stand und wahrscheinlich, da er doch Dora etwas vom Bestande geschenkt hatte. Unter spärlichem Unterhalten mit Dora vergehen die letzten 10 Minuten kalter Einsamkeit, das Lunch geht aus, die letzten Augenblicke; soeben fährt der Zug ein, Abfahrt und Ankunft wieder im Eigergletscher.

Max Frisch

aus: **ANTWORT AUS DER STILLE (1937)**

Kein Wort hat er mehr gesprochen.

Sie hat dann nach seiner Hand gegriffen, doch er fasst die ihre nicht. Sie hört nur den Gletscherbach rauschen, der sie wachhält, Stunde um Stunde, aber sie spürt es seiner Hand nicht an, ob er schläft oder träumt oder ebenfalls wacht. Es ist wie die Hand eines Toten, was sie hält, leise und dennoch fest, und sie will sie nicht loslassen, bis zum Morgen.

— — — — — — — — — — — — —

Am Morgen aber, als Irene erwacht, weil sie am Rücken friert oder weil schon die Helle durch das nasse Zelttuch dringt, findet sie sich allein. Und auch draußen ist natürlich niemand. Einsam steht das weiße Zelt zwischen grauen Steinen, nass und schlaff, und nur das endlose Rauschen des Gletscherbaches ist noch da.

Es hilft nun nichts, wenn sie sich erinnert, dass sie ja seine Hand halten wollte, dass sie nicht hätte einschlafen dürfen; kein Erinnern und kein Vorwurf hilft, und auch das hilft nichts, dass sie endlich schluchzt, laut und wie ein verlorenes Kind, als sie begreift, wohin er gegangen ist ...

Noch nicht einmal vier Uhr ist es, und alles ist noch grau, der Gletscher und die Moränen und die Felsen, so grau unter diesem leeren und farblosen Himmel, der alle Sterne verloren hat.

Später hat sie natürlich auch gerufen, immer verzweifelter und aus Leibeskräften gerufen, bis sie wirklich seine Stimme hört,

128

aber sehr fern und dünn und zerbrechlich. Jenseits des Gletschers, und sie kann seinen Ruf nicht mehr verstehen, auch wenn sie den Atem anhält. Er muss schon sehr hoch sein. Ab und zu hört man einen spröden und hellen Klang, wenn sein Pickel gegen die Felsen stößt; aber sehen kann sie ihn nicht, es sind immer nur Steine, die sich nicht rühren, und sie weiß ja nicht einmal, wie groß man sich einen Menschen denken müsste …

Dann färben sich nach und nach die ersten Gipfel, zuerst wie Bronze, dann wie Kupfer und endlich sogar wie Gold. Und die Firne, die das erste Licht bekommen, sind dann wie Elfenbein. Und man sieht, wie die grauen Schatten langsam sinken; immer tiefer kommt der Tag, und die Felsen, die nun in die Sonne tauchen, haben wieder ihre knochenbleiche Farbe. Später lässt auch der Gletscher seine oberste Kante glänzen, als sei sie vernickelt, und dann ist es, als schmelze sein Rand in lauter Weißglut, man kann nicht mehr hinsehen, als die Sonne eben über den Grat flutet.

Aber Irene sitzt noch immer auf dem Stein, wo sie gestern Abend gesessen haben, und weiß noch immer nicht, was sie tun soll. Noch öfter hat sie aus Leibeskräften gerufen und gerufen; es kommt keine Antwort mehr …

[…]

Drinnen haben sie bereits die Kerzen angezündet, die fremden Männer, die noch ein Glas Wein trinken; sie kommen ja nicht oft im Jahre zusammen und erzählen sich noch dies und das, langsam und schwerfällig, vom Heuen, das sie mitten in der Arbeit haben verlassen müssen, auch vom Vieh und vom Wald, den ihnen im Frühjahr ein großer Bergrutsch vernichtet hat.

Draußen aber, über den Gletschern und Firnen, wird es eine kalte und windige Nacht; der schmale Mond hat einen Hof, und schwarz stehen die Felsen vor diesem milchblassen Gewölk, schwarz und körperlos. Und in den Gletschern, die so stumm in diesem fahlen Mondlicht liegen, klaffen und gähnen nun die Spalten, wie aufgerissene Fischmäuler; in den Wänden schimmert der Schnee, als könne man seine Kälte sehen, und so ungeheuer ist alles, wenn man weiß, dass ein Mensch da draußen ist, irgendwo in einer solchen Wand, wo es kein Vorwärts und kein Rückwärts gibt, nur diese tödliche Kälte des Raumes. Es ist, als zeige Gott ein anderes Antlitz in solcher Nacht, ein wahreres Antlitz vielleicht, das nichts von Menschen weiß und ohne Erbarmen scheint, ohne Gnade gegen das Leben, so stumm und starr, so steinern und fremd, so maßlos ernst, und noch lange kann Barbara ihr ausbrechendes Schluchzen nicht unterdrücken, obschon Irene sie tröstet und sie in die Wolldecken hüllt, so wie sie es gelernt hat, und obschon sie auch die Laterne nicht auslöscht, damit man das nächtliche Gebirge nicht durch Fenster sehe.

Halldór Laxness

aus: ## AM GLETSCHER (1968)

Wenn man über die Pflege des Christentums am Gletscher berichtet, darf man nie den Gletscher vergessen; wenigstens nicht für
lange. Vielleicht sind einige anknüpfende Gedanken des Unter-
zeichneten zu diesem Thema, die im Folgenden wiedergegeben
werden, nicht gänzlich unzutreffend, wenn sie vielleicht auch
nicht dem heutigen Tag angehören: Doch alle anderen Tage sind
einmal der heutige Tag gewesen, und die, welche noch kommen,
werden einmal der heutige Tag sein.

Dieser Gletscher ist nie wie ein gewöhnlicher Berg. Wie bereits
gesagt, ist er nur eine Kuppe und ragt nicht sehr hoch in den Himmel. Es ist, als hätte dieser Berg keine Meinung. Er behauptet
nichts. Er will niemandem etwas aufdrängen, möchte keinem zu
nahe treten. Geübte Bergsteiger kommen auf dem kürzesten Weg
hierher, um den Berg zu besteigen, weil er einer der berühmtesten
Berge der Welt ist. Und wenn sie ihn sehen, fragen sie: »Ist das alles?« und haben keine Lust mehr, ihn zu besteigen. In dem Gebirge,
das sich nach Osten an den Gletscher anschließt, gibt es eine Un-
zahl verschiedener Berge, wie Leute auf einer Fotografie, diese
Berge sind nicht alles und nichts wie der Gletscher, sondern mit
kleinen Besonderheiten ausgestattet. Einige sollen sich bei Nord-
sturm aufblasen und zu brüllen anfangen. Manche guten Bergsteiger sagen, der Gletscher sei nicht interessant, aber die Helgrindur seien interessant, und es läge näher, die Helgrindur zu
besteigen. Helgrindur bedeutet Tor der Hölle.

Oft hört man von hellseherischen Leuten, dass ihre Seele den Körper verlassen kann. Das passiert dem Gletscher nicht. Doch das nächste Mal, wenn man wieder hinsieht, hat der Körper den Gletscher verlassen, und nur die Seele ist übrig, in Luft gehüllt.

Wie Unterzeichneter weiter oben im Bericht erwähnt hat, steht der Gletscher zu gewissen Tageszeiten verklärt in einer besonderen Helligkeit da, in goldenem Licht von großer Strahlungskraft, und alles außer ihm wird armselig. Es ist, als gehöre der Berg nicht mehr zur Erdkunde, sondern sei in die Ionospähre entrückt. Ob nicht der Elfenweidder, den Stößeldora gesehen hat, der Gletscher war? Ein eigenartiger Berg. Des Nachts, wenn die Sonne hinter den Bergen steht, wird der Gletscher zu einem stillen Schattenbild, das in sich selbst ruht und Menschen und Tieren das Wort »nie« zuatmet, das vielleicht »stets« bedeutet. Komm, Hauch des Todes!

Paul Celan

WEGGEBEIZT (1967)

Weggebeizt vom
Strahlenwind deiner Sprache
das bunte Gerede des An-
erlebten – das hundert-
züngige Mein-
gedicht, das Genicht.

Aus-
gewirbelt,
frei
der Weg durch den menschengestaltigen Schnee,
den Büßerschnee, zu
den gastlichen Gletscherstuben und -tischen.

Tief
in der Zeitenschrunde,
beim
Wabeneis
wartet, ein Atemkristall,
dein unumstößliches
Zeugnis.

Guillaume Apollinaire

aus: ## DAS HAUS DER TOTEN (1913)

Bientôt je restai seul avec ces morts
Qui s'en allaient tout droit
Au cimetière
Où
Sous les Arcades
Je les reconnus
Couchés
Immobiles
Et bien vêtus
Attendand la sépulture derrière les vitrines

Ils ne se doutaient pas
De ce qui s'était passé
Mais les vivants en gardaient le souvenir
C'était un bonheur inespéré
Et si certain
Qu'ils ne craignaient point de le perdre

Ils vivaient si noblement
Que ceux qui la veille encore
Les regardaient comme leurs égaux
Ou même quelque chose de moins

Bald war ich wieder allein mit den Toten

Die sich geradewegs

Zum Friedhof bewegten

Wo ich

Unter den Arkaden

Sie wiedererkannte

Daliegend

Reglos

Und gut gekleidet

In den Vitrinen ihr Begräbnis erwartend

Sie hatten keine Ahnung

Von dem was geschehen war

Aber die Lebenden bewahrten die Erinnerung

Es war ein unverhofftes Glück

Und so gewiss

Dass sie nicht fürchteten es zu verlieren

Sie lebten nun so würdevoll

Dass jene die noch tags zuvor

Sie als ihresgleichen angesehen hatten

Oder sogar als Geringere

Admiraient maintenant
Leur puissance leur richesse et leur génie
Car y a-t-il rien qui vous élève
Comme d'avoir aimé un mort ou une morte
On devient si pur qu'on en arrive
Dans les glaciers de la mémoire
A se confondre avec le souvenir
On est fortifié pour la vie
Et l'on n'a plus besoin de personne

Ihre Stärke ihren Reichtum und ihren Geist
Nun bewunderten
Denn nichts gibt es was einen mehr erhebt
Als einen Toten oder eine Tote geliebt zu haben
Man wird so rein dass man schliesslich
In den Gletschern des Gedächtnisses
Eins wird mit der Erinnerung
Man ist gestärkt für das Leben
Und man braucht niemanden mehr

Daniel Schwartz

AUFNAHMEN AUS DEM ZYKLUS

»THEATRUM ALPINUM«

Feldstecher aus dem Set forensischer Fundstücke »Gebrüder Ebener«. Datum
Vermisstmeldung: 4. März 1926.
Fundort/Funddatum: Grosser Aletschgletscher. 28. Juni 2012.
Lötschentaler Museum, Kippel. 26. April 2013.

Ablationszone. Fieschergletscher.
19. Oktober 2014.

Zungenende und Tor. Grosser Aletschgletscher.

27. Juni 2012.

Kollaps-Krater und Toteis. Unteraargletscher.

12. August 2014.

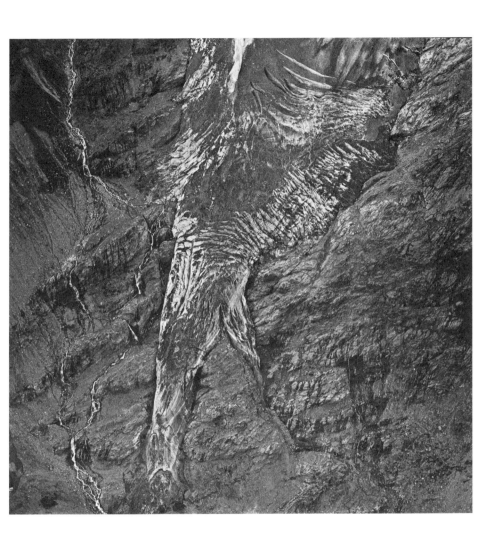

Zunge. Unterer Grindelwaldgletscher.

23. September 2014.

Fliesabdeckung. Rhonegletscher,
12. August 2014.

Geschmolzener Grotten-Eingang. Rhonegletscher.

3. September 2014.

Seitenmoränen. Belvedere- und Nordend-Gletscher.
2. November 2014.

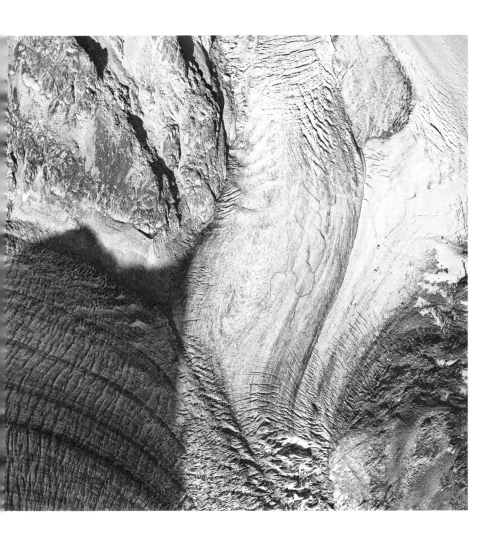

Einmündung. Galmiggletscher (oben) und Fieschergletscher (links).
19. Oktober 2014.

Allalingletscher (links) und Hohlaubgletscher (rechts).
2. November 2014.

Findelgletscher.

2. November 2014.

Nachweis

Albrecht von Haller: aus »Die Alpen«, enthalten in: *Versuch Schweizerischer Gedichten*. Bern: Haller, 1732

Marc-Théodor Bourrit: aus *Beschreibung der savoyischen Eisgebürge: Fortsetzung der Beschreibung der penninischen und räthischen Alpen.* Zürich: Orell, Gessner, Füesslin u. Comp., 1786. Die UrheberIn der Übersetzung konnte nicht eruiert werden.

Friederike Brun: »Chamonix beim Sonnenaufgange (Im Mai 1791)«, enthalten in: *Gedichte, herausgegeben durch Fridrich Matthisson. Neue vermehrte Auflage.* Zürich: Orell Füssli und Compagnie, 1798

Gotthold Friedrich Stäudlin: »Die Gletscher bei Grindelwald«, enthalten in: *Gedichte. Erster Band.* Stuttgart: Mittler, 1788

Lord Byron: aus *Manfred.* London: Murray, 1813. Deutsch von Adolf Seubert, 1874. Editiert von Patrick Hegglin, 2020

Percy Bysshe Shelley: aus einem Brief an Thomas Love Peacock, 24. Juli 1816, enthalten in *History of a Six Weeks' Tour through a part of France, Switzerland, Germany, and Holland; with Letters Descriptive of a Sail Round the Lake of Geneva and of the Glaciers of Chamouni.* London: T. Hookham, Jun / C. and J. Ollier, 1817. Deutsch von Patrick Hegglin, 2020

Mary Wollstonecraft Shelley: aus *Frankenstein, or: The Modern Prometheus.* London: H. Colborn and R. Bentley, 1831. Deutsch von Heinz Widtmann, 1912

Adalbert Stifter: aus »Bergkristall«, enthalten in: *Bunte Steine.* Pest/Leipzig: Heckenast/Wigand, 1853. Erstmals als »Der Heilige Abend«, in: *Die Gegenwart. Politisch-literarisches Tageblatt.* Wien, 1845

Jeremias Gotthelf: aus *Jacobs, des Handwerksgesellen, Wanderungen durch die Schweiz.* Zwickau: Verein zur Verbreitung guter und wohlfeiler Volksschriften, 1846-47

Hans Christian Andersen: »Die Eisjungfrau«, nach der Fassung in: *Märchen. Sammlung aus dem Projekt Gutenberg-DE,* 2017. Der Text wird dort als »Die Eiskönigin« geführt. Die UrheberIn der Übersetzung konnte nicht eruiert werden. Original: »Iisjomfruen«, enthalten in: *Nye Eventyr og Historier. Anden Række. Anden Samling.* Kopenhagen: C.A. Reitzel, 1861

Mark Twain: aus *A Tramp Abroad*. Hartfort/London: American Publishing Company / Chatto & Windus, 1880. Deutsch von Patrick Hegglin, 2020

Friedrich Nietzsche: »Am Gletscher«. Aus dem Nachlass. Enthalten in *Gedichte. Herausgegeben von Mathias Mayer*. Stuttgart: Reclam, 2010

Stefan George: »Nietzsche«, enthalten in: *Der siebente Ring*. Berlin: Verlag der Blätter für die Kunst, 1907

Stefan George: »Der Blumenelf«, enthalten in: *Die Fibel*. Berlin: Bondi, 1901

Christian Morgenstern: »(Nordstrand.)«, enthalten in: *Und aber ründet sich ein Kranz*. Berlin: S. Fischer, 1902

Walter Benjamin: aus »Tagebuch von Wengen«. Aus dem Nachlass. Enthalten in: *Gesammelte Schriften. Unter Mitwirkung von Theodor W. Adorno und Gershom Scholem hrsg. von Rolf Tiedemann und Hermann Schweppenhäuser, Band VI*. Frankfurt am Main: Suhrkamp 1972

Max Frisch: aus *Antwort aus der Stille. Eine Erzählung aus den Bergen*. © Suhrkamp Verlag, Frankfurt am Main 2009. Alle Rechte bei und vorbehalten durch Suhrkamp Verlag Berlin. Erstmals Berlin/Stuttgart: Deutsche Verlags-Anstalt, 1937.

Halldór Laxness: aus *Am Gletscher*. Deutsch von Bruno Kress. © Göttingen: Steidl Verlag, 1989, 1994, 2009. Alle deutschen Rechte vorbehalten durch Steidl Verlag, Göttingen. Originalausgabe: *Kristnihald undir Jökli*. Reykjavík: Helgafell, 1968

Paul Celan: »Weggebeizt«, enthalten in: *Die Gedichte. Kommentierte Gesamtausgabe in einem Band. Herausgegeben und kommentiert von Barbara Wiedemann*. © Suhrkamp Verlag, Frankfurt am Main 2003. Alle Rechte bei und vorbehalten durch Suhrkamp Verlag Berlin. Erstmals in: *Atemwende*. Frankfurt am Main: Suhrkamp, 1967

Guillaume Apollinaire: aus »La maison des morts«, enthalten in: *Alcools*. Paris: Mercure de France, 1913. Deutsch von Rudolf Bussmann, 2020

Der Verlag dankt für die Unterstützung

Josef Müller Stiftung, Muri

Der Verlag edition bücherlese wird vom Bundesamt für Kultur mit einer Förderprämie für die Jahre 2019–2020 unterstützt.

Umschlagbild: Holzschnitt, Martin Thönen, Bern

Bild Vorsatz: Views of Switzerland in the Photochrom print collection, Detroit Publishing Company: Eggishorn, Grand Aletsch Glacier, with Jungfrau, Monch and Eiger, Valais, Alps of, Switzerland, ca. 1895
© Prisma by Dukas Presseagentur GmbH / Alamy Stock Photo

Bild Nachsatz: Johann Heinrich Wuest: Der Rhonegletscher, ca. 1795.
© Historic Images / Alamy Stock Photo

Fotografien: Daniel Schwartz / VII
© 2020 ProLitteris

Korrektorat: Thomas Hack

Gestaltung und Satz: Monique Waltz
Druck und Bindung: Pustet, Regensburg

ISBN 978-3-906907-39-0
1. Auflage 2020